Die wunden Punkte von Google, Amazon,
Deutsche Wohnen & Co.

Realität der Utopie 6

Nina Scholz

Die wunden Punkte von Google, Amazon, Deutsche Wohnen & Co.

Was tun gegen die Macht der Konzerne?

BERTZ + FISCHER

Bibliografische Information der Deutschen Nationalbibliothek: Die Deutsche Nationalbibliothek verzeich-
net diese Publikation in der Deutschen Nationalbiblio-
grafie; detaillierte bibliografische Daten sind im Inter-
net über http://dnb.dnb.de abrufbar.

Mit freundlicher Unterstützung der

ROSA LUXEMBURG STIFTUNG

Umschlaggestaltung: D.B. Berlin
Umschlagfoto: fuckoffgoogle.de
Fotonachweis Innenteil: S. 216

Ein herzliches Dankeschön des Verlags geht an
Mario Candeias (Rosa-Luxemburg-Stiftung),
Christian Jungeblodt (*ver.di publik*, Fotoredak-
tion) und Jan Ole Arps (*ak – analyse & kritik*).

Inhalt

Einleitung 7

»Wir _mussten_ streiken« 23
Internationale Solidarität made in Bad Hersfeld

Klassenkampf statt Bällebad 39
Die lange Gründungsgeschichte der Google-Gewerkschaft

Von wilden Streiks zum Betriebsrat 52
Gig-Arbeiter*innen gegen Deliveroo und Gorillas

Kämpfen, wo andere Urlaub machen 73
Wider die Wildwest-Verhältnisse in der Tourismusbranche

Nicht nur ein zahnloser Tiger 98
Neue Betriebsräte und Union Busting in Tech-Unternehmen

Wie Deliveroo, nur in sozial 112
Zur Wiederbelebung der Arbeiterkooperativen

»Ich habe mich gefühlt wie in einem Gefängnis« 128
Pendelmigrant*innen im privaten Pflegedienst
organisieren sich

Pfleger*innenstreik trotz Corona   151
Berliner Erfolge gegen die Misere in den Krankenhäusern

Vom Protest zur Enteignung?   167
Der *Deutsche Wohnen*-Volksentscheid und sein
kompliziertes Verhältnis zu Mieter*innenkämpfen

Stadtkämpfe gegen Big Tech   199
Berlin und New York vs. Google und Amazon

Über die Autorin   215
Fotonachweis   216

Einleitung

Den Titel dieses Buches habe ich schamlos geklaut. Im März 2019 haben mich die sympathischen Menschen von der linken Gruppe *Eiszeit* zu einer (fast) gleichnamigen Veranstaltung nach Zürich eingeladen: *Der wunde Punkt von Google & Co.* Seitdem ist er mir nicht mehr aus dem Kopf gegangen. Er war so passend für das, womit ich mich seit Jahren beschäftige – und worum es auch im Züricher Infoladen *Kasama* ging: um Mut machende Kämpfe gegen Tech-Giganten wie Google, Amazon, Facebook, Deliveroo oder Airbnb, aber auch um Alternativen zu solchen Konzernen, etwa Plattform-Genossenschaften. Ich habe an diesem Abend zwei Thesen aufgestellt: Lange Zeit schienen genannte Tech-Giganten unangreifbar. Zum einen, weil sie selbst bei Linken als Motoren eines netteren, bunteren, diverseren Kapitalismus gehandelt werden. Zum anderen, weil sie tatsächlich immer mächtiger werden und alte mächtige Unternehmen nach und nach ablösen. Aber, so die zweite These: Das ändert sich gerade. Die Menschen organisieren sich gegen Tech-Unternehmen – und zwar ganz konkret dort, wo sie negative Folgen am meisten spüren. In Berlin verhindern Aktivist*innen die Ansiedlung eines Google-Campus, in New York die Errichtung eines neuen Amazon-Headquarters. Bei Google organisieren sich Arbeiter*innen gegen Militärprojekte mit dem Pentagon und gegen sexistische Diskriminierung am Arbeitsplatz. Die Amazon-Streikenden gelten mittlerweile als Vorbild für moderne gewerkschaftliche Organisierung und internationale Solidarität. Diskutiert haben wir an dem Abend aber auch darüber, ob diese Bewegungen den Tech-Unternehmen wirklich etwas anhaben können und wie es weitergehen könnte, wie sich beispielsweise von den Amazon-Streiks zu einer demokratischen Verwaltung des Logistik-Giganten gelangen lässt. Allgemeiner: Wie kommen wir von dem, was gerade passiert, zu einer Gesellschaft, in der wir gemeinsam bestimmen, was produziert wird und wie wir arbeiten? Das sind die Fragen, die ich mir bei meiner Arbeit immer stelle. Gewiss ist dabei nur eins: Vor uns liegt ein sehr langer Weg.

Im Vorgängerband dieses Buches – *Nerds, Geeks und Piraten* (2014) – ging es noch darum, wie das Missverständnis entstehen konnte, die Tech-Unternehmen des Silicon Valley, die von ihnen verkauften Apps, Programme, Geräte und die Männer

(»Nerds«), die diese Unternehmen gegründet haben und leiten, seien Wegbereiter eines neuen, besseren, moderneren Kapitalismus. Während die Wall Street als Symbol des alten, gierigen Kapitalismus galt, wurde das Silicon Valley zum vielleicht mystischsten Ort der jüngsten Kapitalismusepoche, dessen Ausstrahlungskraft der von ihm ausgehende Dotcom Crash im Jahr 2000 nichts anhaben konnte. Die britischen Sozialwissenschaftler Richard Barbrook und Andy Cameron beschrieben bereits in ihrem 1995 erschienenen Essay *Kalifornische Ideologie*, wie sich Technikoptimismus und Wirtschaftsliberalismus in Nordkalifornien mit altem Hippiegeist verbunden haben, wie Tools, Apps, Geräte als Fortschritt wahrgenommen werden konnten. Vom Silicon Valley aus trat die kalifornische Ideologie ihren Siegeszug an und dominiert bis heute das Denken über den gegenwärtigen Kapitalismus.

Selbst Linke sitzen dem Glauben an die Technologie als (alleinigen) Fortschrittsbringer auf. Manche Autor*innen ergehen sich in einer vermeintlich linken Version des Akzelerationismus, also der Vorstellung, dass der Kapitalismus nur durch einen beschleunigenden Prozess überwunden werden kann. Dieses Buch soll kein Plädoyer gegen die Utopie sein, im Gegenteil – aber gegen einen im Utopismus verharrenden Technikdeterminismus, in dem die Menschen, um die es geht und die die Zukunft gestalten müssen, nur eine Nebenrolle spielen.

So schreibt etwa Aaron Bastani (der auch das linke britische Medienunternehmen Novara Media gegründet hat) in seinem »Manifest« *Fully Automated Luxury Communism*, dass sich der Kommunismus die allmächtige Technologie zunutze machen und statt Mangel für die meisten Luxus für alle bieten soll. Dabei blendet er jedoch nicht nur Menschen als handelnde Subjekte aus, sondern auch fast alle Schritte auf dem Weg zu diesem Ziel. Weshalb der »komplett automatisierte Luxus-Kommunismus« letztlich immer ein feuchter Traum von einer technologisch programmierbaren Zukunft bleibt.

Reißbrett-Theorien dieser Art sind meist ohnehin nur bombastische Ablenkungsmanöver, weil die Autor*innen sich nicht mit den vielen kleinen Schritten für eine bessere Welt beschäftigen wollen, mit den Rückschlägen, den vielen Widersprüchen auch innerhalb von Bewegungen, nicht mit den krummen Wegen, nicht damit, wie klein selbst die größten Siege mitunter sind. Und ähnlich wie ihre wirtschaftsliberalen Gegenspieler*innen überschätzen sie die Bedeutung von Technologie, wenn sie von einer (Voll-)Automatisierung fabulieren. Offenbar treibt diese linken Akzelerationist*innen eine These um, die Marx auch im ersten Kapitel des *Kapitals* aufstellt, nämlich dass es entscheidend ist, »ob sich die Maschine in der Hand des Kapitals« oder des Proletariats befindet: Wenn Monopolisten (wie Amazon) noch mächtiger werden, wäre eine Automatisierung demnach das Schreckensszenario einer Gesellschaft, in der Menschen von Maschinen überflüssig gemacht werden – aber eine traumhafte Vorstellung, wenn Unternehmen demokratisiert sind und Menschen ihre Zeit endlich sinnvoller nutzen können.

Selbstverständlich ist die Frage zentral, wem die Maschine, die Produktionsmittel, die Apps, die Logistiklager, die Algorithmen, die Häuser gehören, wer seine Arbeitskraft verkaufen muss und wer nicht. Aber wichtiger, als zu fantasieren, was sein könnte, ist hinzuschauen, was aktuell tatsächlich passiert. Die Vollautomatisierung zeichnet sich nämlich heute ebenso wenig ab wie zu Marx' Zeiten. Tatsächlich steigen nicht die Ausgaben für eine Computerisierung, sondern die für Logistik. Mensch und Maschine verschmelzen nicht, sondern es entstehen neue Jobs, die meisten im prekären Dienstleistungssektor und im unterfinanzierten Care-Bereich. Wir erleben eine Restrukturierung des Kapitals, keine Vollautomatisierung.

Dass die Plattformen keine rosige Zukunft schaffen, ahnen mittlerweile auch die bürgerlichen Medien, und der Technikoptimismus der vergangenen Jahrzehnte wird bei ihnen allmählich abgelöst von der Angst vor der Macht dieser Plattformen. Die Unternehmen, die vor Kurzem noch für ihre Innovationskraft gelobt wurden, stehen mitsamt ihren Gründern immer häufiger in der Kritik. Noch während des Arabischen Frühlings 2011 schrieben Journalist*innen von den Facebook-Revolten (was auch damals schon falsch war) und davon, wie diese Plattform die Menschen miteinander verbinde. 2021 ist von diesem Optimismus wenig übrig geblieben. Spätestens seit der Enthüllung im Januar 2020, dass Facebook Geld von dem Datenanalyse-Unternehmen Cambridge Analytica erhalten hat, um die Wahlen in den USA zugunsten von (ausgerechnet) Donald Trump zu beeinflussen, ist das Image der Sozialen Medien angekratzt. Ähnlich steht es um Amazon: Seit Jahren häufen sich die Schreckensmeldungen um den Logistikmonopolisten.

Doch was tun? Kampagnen, die auf Boykott setzen, wie *Delete Facebook* und *Boycott Amazon*, verpuffen angesichts der vielen Bereiche, in denen die Unternehmen mittlerweile agieren. Die aktuellen Debatten beschäftigen sich noch viel zu selten damit, wie die Kämpfe gegen und die Alternativen zu Plattformen funktionieren können. Vorerst wollen viele Medien (und Menschen) sich noch nicht von den vermeintlichen Heilsbringern des Silicon Valley verabschieden – und so wählt das *Time Magazine* den Tesla-CEO Elon Musk, bekannt für seiner Gewerkschaftsfeindlichkeit, zur Person des Jahres 2021.

Immer wieder sind es die Arbeiter*innen selbst, die ihre Ausbeutung an die Öffentlichkeit bringen. Das Image von Google, dessen Motto bis 2018 »Don't be evil« war, bekam erste Risse, als sich die Beschäftigten, wie bereits erwähnt, gemeinsam und öffentlichkeitswirksam gegen die Zusammenarbeit mit dem Pentagon, gegen Diskriminierungen am Arbeitsplatz und plötzliche Kündigungen von Zeitarbeiter*innen wehrten – und eine Gewerkschaft in der Höhle des Löwen, dem Silicon Valley, gründeten. Und erst durch die wiederkehrenden Streiks der deutschen Logistikarbeiter*innen in Bad Hersfeld und an anderen deutschen Standorten wurden die menschenfeindlichen Arbeitsbedingungen des Logistik-Behemoths bekannt: Die Amazon-Arbeiter*innen sind es, die uns immer wieder in Erinnerung rufen, welche Zustände in den Packzentren herrschen. Es sind die Menschen selbst, die durch ihre Kämpfe und Widerstände der Welt zeigen, dass die Macht der Konzerne keine Naturgewalt ist, der wir hilflos ausgeliefert sind. Sie finden durch ihren Widerstand die »wunden Punkte von Amazon, Google, Deutsche Wohnen & Co«.

Seit im August 2016 Londoner Kurierfahrer*innen in einen wilden Streik getreten sind, verfolge ich die Arbeitskämpfe der europäischen »Gig«-Arbeiter*innen (als »Gigs« werden kurzfristige Aufträge an Freelancer oder geringfügig Beschäftigte bezeichnet). Sie fordern nicht nur die Lieferplattformen selbst heraus, sondern in Deutschland auch die sozialpartnerschaftlichen Gewerkschaften, die die Arbeitskämpfe gerne einhegen würden. Besonders in den boomenden Branchen wie der Logistik oder auch dem Tourismus kann man gut sehen, dass die Arbeiter*innen heute kaum noch etwas von deren Erfolg haben; ganz im Gegensatz zu den Zeiten, als Kohle und Stahl die boomenden Industrien waren und starke Gewerkschaften dafür sorgten, dass die Gewinne besser verteilt wurden. In der Tourismusbranche müssen Arbeitsrechte erst wieder mühsam durchgesetzt werden, unter anderem durch Betriebsräte. In immer mehr arbeitsrechtlich weitestgehend unregulierten Branchen, beispielsweise in Tech-Unternehmen, in denen eben teilweise noch eine vermeintlich kumpelige Atmosphäre herrscht, entdecken Beschäftigte hierzulande wieder, was Betriebsräte ihnen auch heute noch bringen können. Umso härter wird deren Gründung von den Chefs bekämpft – Stichwort: Union Busting.

Aber der Kampf gegen die Konzerne wird nicht nur defensiv geführt: Mit Plattform-Genossenschaften versuchen Arbeiter*innen, eine Form der Kooperation mit digitalen Mitteln wiederzubeleben. Aus den Problemen, die sich ihnen in den Weg stellen, können nicht nur mögliche nächste Schritte abgeleitet werden, sondern es zeigt sich auch, wie weit der Weg bis zu demokratisch verwalteten Plattformunternehmen noch ist.

In den Städten sind Konzerne auf vielfältige Weise Beschleuniger von Wohnungsnot und Verdrängung. Dass sich in Berlin und New York erfolgreicher Widerstand gegen die Ansiedlung von Google und Amazon organisierte, macht Hoffnung. Doch aufhalten können diese Siege den Prozess nicht. In Berlin kämpfen Mieter*innen seit vielen Jahren gegen börsennotierte Immobilienunternehmen wie die Deutsche Wohnen SE, die ihre Profite mit Mieterhöhungen erwirtschaften. Sie gründen Mieter*innen-Initiativen, helfen sich gegenseitig – und haben einen Volksentscheid organisiert, bei dem 57,6 Prozent der Berliner Wähler*innen für die Enteignung solcher Unternehmen stimmten, ein starker, wenn auch vorerst nur symbolischer Erfolg. Die Bewegung steht nun vor der Frage, wie sie die Enteignung auch tatsächlich erkämpfen könnte – und wie sie sich weiter organisiert.

Auch Krankenhäuser sind heute Konzerne. Spätestens mit der Einführung des Fallpauschalensystems in Deutschland, also der Abrechnung einzelner Behandlungen, um Profite zu erwirtschaften, funktioniert auch die Gesundheitsversorgung primär unter wirtschaftlichen Gesichtspunkten. Privatisierungen und Kostenkalkulationen haben Priorität, gespart wird an der Pflege und den Löhnen. Lange Zeit hieß es, Gesundheitsarbeiter*innen können nicht streiken, weil ein*e Patient*in eben kein Fließband ist. Die Krankenhausbewegung hat sich in mehreren Städten erfolgreich organisiert und gezeigt, dass sie sehr wohl streiken, kämpfen und auch siegen kann. Schwieriger ist das für 24-Stunden-Privatbetreuer*innen, die keinen gemeinsamen Ort wie das Krankenhaus haben, an dem sie sich treffen können. Doch eine Gruppe polnischer Arbeiter*innen beweist in der Schweiz seit ein paar Jahren, dass es sehr wohl möglich ist, und führt vor, wie sich Pendelmigrant*innen auch hierzulande organisieren und wehren könnten.

Fast alle der im Folgenden beschriebenen Kämpfe finden nach der Finanzkrise 2008/2009 und der Eurokrise 2012 statt. Das ist kein Zufall. Diese beiden Krisen und die darauffolgenden politischen Entscheidungen haben die Konzerne gestärkt, die Arbeiter*innen und Mieter*innen dagegen weiter geschwächt. Die Plattform-Wirtschaft und Unternehmen wie Deliveroo, Airbnb oder Uber konnten überhaupt erst durch die Folgen der Finanzkrise so wachsen: Arbeitssuchende finden hier befristete Jobs (»Gigs«), allerdings ohne garantierten Lohn und ohne Absicherungen. Die Profite landen bei den Konzernen, die weiterwachsen. Die Spekulation wiederum ist nach der Finanzkrise geschwächt, es gibt kaum noch Zinsen, darum wetten Investor*innen lieber auf Tech-Unternehmen und auf den Immobilienmarkt. Die Folgen davon spüren die Mieter*innen in den Städten.

Zugleich lässt sich ein allmählicher Mentalitätswechsel beobachten. Die Versprechen des Kapitalismus werden für immer weniger Menschen eingehalten, die Schattenseiten treten immer deutlicher zutage: die Löhne zu niedrig, die Mieten zu hoch, der andauernde Druck zu grausam. Sogar manche, die eben noch zu den Gewinner*innen zählten, wie Programmierer*innen bei Google, bekommen nun die

Schattenseiten zu spüren. Während der Finanzkrise organisierten wütende Menschen Platzbesetzungen: *Occupy Wall Street* in New York, der Syntagma-Platz in Athen, der Taksim-Platz in Istanbul und weitere wurden zu Symbolen der Wut auf die Herrschenden. Diese Aktionen kamen jedoch schnell an ihr Limit. Aus der Erfahrung, wieviel Energie Platzbesetzungen kosten und wie wenig Nachhaltiges daraus entsteht, wuchs ein neues Interesse für Organisierungen. Immer öfter hört man: »Organisier dich!« Aber wie und wohin? – diese Frage ist schwer zu beantworten. Die Kämpfenden, die ich im Folgenden porträtiere, beantworten sie in der Praxis – und oft auch pragmatisch. Häufig sind es die Umstände, die entscheiden: Mal schlägt Verdi ein paar Tech-Arbeiter*innen, die sich über eine Betriebsratsgründung informieren wollen, die Tür vor der Nase zu, die die IG Metall dann öffnet. In den Arbeitskämpfen der Amazon-, Ryanair- oder Krankenhaus-Beschäftigten ist es dagegen Verdi, die überhaupt einen Raum und eine Perspektive für Arbeitskämpfe und Organisierung eröffnet. Auch die sozialpartnerschaftlichen Gewerkschaften wandeln sich, wie man an diesen Beispielen sieht – wenn auch nicht zwangsläufig, denn gerade bei den wilden Streiks wie denen der rumänischen Erntearbeiter*innen und der Kurierfahrer*innen ist es oftmals die kleine, aber in diesem Bereich starke Basisgewerkschaft FAU, die vor Ort ist. Bei den Stadtkämpfen entstehen Proteste und Widerstand oft aus lokalen Initiativen, die aber schnell an ihre Grenzen kommen, wenn die Bewegung wächst und einen langen Atem braucht.

Die in diesem Buch porträtierten Kämpfenden stehen also vor vielen Herausforderungen. Sie alle eint, dass die ersten Hürden genommen sind: Sie haben eine Gewerkschaft im Silicon Valley gegründet, einen Enteignungs-Volksentscheid organisiert, die Unternehmen, bei denen sie arbeiten, herausgefordert oder sich selbst und ihre Arbeitsbedingungen überhaupt erst sichtbar gemacht. Ganz gleich, ob ihre ersten Siege oder auch Niederlagen symbolischer oder materieller Natur waren: Sie haben gezeigt, was möglich ist – aber auch, welche Wege lieber nicht mehr beschritten werden sollten. Und sie sind Teil eines Kollektivs geworden: Niemand, über den ich hier schreibe, ist Einzelkämpfer. Alle haben die strukturellen Fragen, vor die der Kapitalismus uns individuell stellt, auf die eine oder andere Art kollektiv beantwortet. Allein das ist schon ein mutiger Kraftakt, den dieses Buch hoffentlich würdigt.

Sind die beschriebenen Kämpfe Ausdruck einer »Neuen Klassenpolitik«? Die Arbeiter*innenklasse setzt sich heute – genau wie die herrschende Klasse – anders zusammen als vor 50 Jahren. Mehr Menschen denn je arbeiten im Dienstleistungsbereich, in der Tech- oder Tourismus-Branche (oder in beiden), und je älter die Menschen werden, desto mehr Menschen werden auch in der Pflege gebraucht. In diesen Branchen arbeiten überproportional viele Frauen und Migrant*innen, und sie alle eint, dass der gewerkschaftliche Organisierungsgrad niedrig ist, wenn überhaupt vorhanden. Das sah in den Boom-Jahren nach dem Zweiten Weltkrieg und bis in die 1970er Jahre in Westeuropa und den USA gänzlich anders aus: In den starken Industrien gab es auch starke Gewerkschaften, von denen nicht-migrantische, männliche Arbeiter*innen am meisten profitierten, aber auch weibliche und migrantische Arbeiter*innen einen Effekt verspürten. Die Fabrik im weitesten Sinne ist heute nicht mehr Haupthandlungsfeld der Klassenkämpfe. So sind 24-Stunden-Betreuer*innen alleine bei Familien untergebracht, und auch die Kämpfe in einem Wohnhaus, in dem Mieter*innen die Hauseigentümer herausfordern, haben größere Relevanz. Teilweise ähneln die Auseinandersetzungen dennoch denen in den Anfangsjahrzehnten des Kapitalismus, als überhaupt erst einmal Arbeitsrechte (neu) erkämpft werden mussten. Die im Folgenden beschriebenen Kämpfe eint, dass sie sich alle implizit als Klassenkämpfe definieren. Zum Beispiel haben die gut gestellten Programmier*innen verstanden, dass sie mehr mit Arbeiter*innen in der Google-Cafeteria gemeinsam haben als mit ihrem CEO. Das war und ist noch viel zu oft anders.

Wohin diese Klassenkämpfe führen? Hoffentlich zu einer Überwindung der brutalen Verhältnisse, in denen wir heute leben. Ich scheue mich aber, Prognosen abzugeben. Zu zart sind die Ansätze, die hier beschrieben werden, zu sprunghaft läuft die Geschichte (der Klassenkämpfe). Im besten Fall können Leser*innen aus Siegen und Niederlagen lernen, können die vielen mutigen Menschen, die ich für *Die wunden Punkte* getroffen habe, auch ihnen Mut machen, ihnen zeigen, wie vielfältig Kämpfe sind und dass es nicht die eine Lösung für uns alle gibt. Ich habe von den Menschen, mit denen ich sprechen durfte, auch von denen, deren Stimmen es leider nicht ins fertige Buch geschafft haben, viel gelernt. Sehr oft bin ich mit klaren Vorstellungen, was die Probleme vor Ort sind und wie die Kämpfe funktionieren, in die Interviews hinein- und mit ganz anderen Schlüssen herausgegangen – und musste danach einen ganz anderen Text schreiben, als ich vorhatte. Am meisten habe ich von meinen Mitstreiter*innen in den Kämpfen gelernt, an denen ich selbst beteiligt war: Seit 2016 bin ich gegen profitorientierte Immobilienunternehmen wie die Deutsche Wohnen aktiv, und das Kapitel hierzu war auch am schwierigsten zu schreiben. Ich habe versucht, ehrlich zu bleiben, auch wenn ich hier noch weniger von außen reinschaue als bei allen anderen Kämpfen.

Last, but not least: Die Mechanismen der Unternehmen versuche ich zu erklären, wo es mir nötig erscheint, aber für deren ausführlichere Betrachtung gibt es andere Bücher. Und auch die Schlüsse, die wir aus den Kämpfen ziehen können, wie wir weitermachen, wo andere aufgehört haben, und wie wir von den ersten Schritten zum besseren Leben kommen, habe ich mir bewusst gespart. Im besten Fall stößt *Die wunden Punkte* eine Diskussion an. Das wäre es, was ich mir von diesen Texten wünschen würde: mehr und offene Gespräche über die Frage »wie weiter?« Und ein gemeinsames Handeln, mit dem wir dieses »Weiter« gestalten.

»Wir *mussten* streiken«

Internationale Solidarität made in Bad Hersfeld

Gelbe Westen, Verdi-Fahnen, streikende Amazon-Arbeiter*innen, die bei Morgengrauen vor einem sogenannten Fulfillment-Center stehen und für bessere Arbeitsbedingungen und einen Tarifvertrag beim Logistikgiganten kämpfen – mittlerweile ist das Bild so geläufig, dass es schwer vorstellbar ist, dass die Proteste und Streiks bei Amazon erst 2013, also vor weniger als zehn Jahren begonnen haben.

Allerdings ist der Konzern, gegen den die Lager- und Logistikarbeiter*innen kämpfen, auch nicht viel älter. Trotzdem gehört er bereits seit einigen Jahren zu den fünf mächtigsten der Welt. Die beeindruckende Erfolgsgeschichte Amazons ist die des modernen, Algorithmen getriebenen Versandunternehmens, das 1994 von Jeff Bezos in Seattle als Online-Buchhandlung gegründet wurde und zu einem Monopolisten aufstieg, der nicht wie seine Mitbewerber Google, Facebook, Apple und Microsoft vieles daran setzt, als freundlich und nett wahrgenommen zu werden, sondern stattdessen den maschinengetriebenen Verschleiß von Arbeiter*innen mit digitaler Planbarkeit verbindet und seinen Machthunger dabei kaum verschleiert.

Seit 1995 werden über die Webseite Amazon.com Bücher verkauft. Durch den Aufkauf anderer Buchplattformen wurde Amazon zunächst zum Monopolisten im digitalen Buchhandel und zum ernsthaften Konkurrenten für den stationären. Dieselbe Strategie verfolgt Amazon auch in allen anderen Produktsparten. Mittlerweile verkauft auch die Konkurrenz über die Plattform Amazon oder nutzt die Lieferlogistik des Unternehmens. Seine Monopolstellung konnte Amazon mit dem seit 2006 entwickelten Cloud-Computing-Service Amazon Web Service (AWS) noch weiter ausbauen. Auch Plattformen wie Dropbox, Netflix, Foursquare oder Reddit nutzen jetzt die digitale Infrastruktur Amazons. Einen Schub bekam das Unternehmen während der Coronakrise, als der stationäre Handel schließen musste und viele stationäre Händler über Amazons Plattformen in den Onlinehandel eingestiegen sind. Dabei geht bei Amazon Wachstum und Monopolsicherung vor Profit: Das Unternehmen schreibt überhaupt erst seit 2003 schwarze Zahlen. Gewinne reinvestiert Amazon in den eigenen Ausbau und nimmt dafür bei Amazon Prime auch Verluste in Kauf. Durch das

Versprechen der immer noch schnelleren Lieferung verspricht sich Amazon vor allem langfristige Kundenbindung. Durch seine Dritthändler-Plattform, die Logistik und den Cloud-Computing-Service wird Amazons Macht in Zukunft noch weiter wachsen.

Wie man diesem Monopolisten trotzdem Lohnerhöhungen und Eingeständnisse abtrotzen kann, haben die Logistikarbeiter*innen im beschaulichen Bad Hersfeld in Deutschland immer wieder gezeigt und sind so zur Keimzelle einer international vernetzten Gewerkschafts- und Protestbewegung gegen den Konzern geworden. Im ehemaligen Zonenrandgebiet Hessens hatte Amazon bereits 1999 sein erstes Versandzentrum in Deutschland, FRA1, gebaut, 2009 folgte an dieser Stelle ein zweites, FRA3. Insgesamt arbeiten in Bad Hersfeld etwa 3500 Menschen.[1] 1100 von ihnen, also ein knappes Drittel der Belegschaft, traten am 9. April 2013 zum ersten Mal in Streik. »Etwas war geschehen, was niemand – vor allem nicht Amazon selbst – für möglich gehalten hätte: Zum ersten Mal in seiner knapp 20-jährigen Geschichte war der US-Internethändler mit einem Streik konfrontiert. Ausgangspunkt waren nicht etwa die USA, sondern das als wenig streikfreudig bekannte Deutschland.«[2] Vorausgegangen war über ein Jahr intensive Organisierungsarbeit, berichtete der langjährige Amazon-Arbeiter und Gewerkschafter Christian Krähling in Bad Hersfeld: »In der Gewerkschaft waren wir 2012 Jahren nur 15 Leute. In den Gesprächen stellten wir fest, dass wir einzeln ähnliche Probleme haben und es sich also um ein kollektives Problem handelt, nämlich um die Arbeitsbedingungen bei Amazon. Darüber sprachen wir dann mit anderen Kolleg*innen, und so traten immer mehr der Gewerkschaft Verdi bei. In einem halben Jahr erhöhte sich die Zahl von 70 auf 400 Mitglieder. Wir wollten gemeinsam Druck machen für möglichst schnelle konkrete Maßnahmen, deshalb entschieden wir uns für einen Streik.« Die Idee des Streiks war auch deshalb geboren worden, weil der Betriebsrat zu schwach für einen Arbeitskampf war, berichtete Krähling über die Anfänge: »Unser Betriebsrat ist ein träges Organ, in dem immer auch arbeitgeberfreundliche Betriebsräte vertreten sind. Deshalb müssen wir streiken. Wir wissen, wenn kein Druck mehr da ist, wird sich Amazon nicht weiterbewegen, und wir würden spätestens ab übernächstem Jahr keine Lohnerhöhungen mehr bekommen. Bevor wir gestreikt haben, gab es fünf, sechs Jahre lang keine Erhöhungen.«

Was Krähling hier als logischen Prozess der Arbeiter*innenorganisierung beschreibt, ist auch ein strategischer Erfolg von Verdi, der alles andere als ungeplant gelaufen ist: Der Landesvorstand Hessen hatte sich 2011 entschlossen, angesichts des mächtigen Gegners Amazon von der bisher vorherrschenden Strategie abzusehen und nach und nach Organisationsmacht im Betrieb selbst aufzubauen, statt von außen stellvertretend für die Beschäftigten zu zu sprechen und mit dem Unternehmen über Löhne und einen potenziellen Tarifvertrag zu verhandeln. Ein Auslöser für diesen Strategiewechsel war die Schwäche der Gewerkschaft angesichts der Übermacht Amazons, schreiben Jörg Boewe und Johannes Schulte: »Das kleine Beispiel aus Bad Hersfeld ist in gewisser Weise exemplarisch für die gewerkschaftliche Situation bei Amazon in Europa. Denn es zeigt, wie groß die Schwierigkeiten für Gewerkschaften sind, bei Amazon Organisationsmacht aufzubauen. Es zeigt aber auch, dass es nicht unmöglich ist. Verdi hatte den politischen Willen und die Bereitschaft, für einen gewissen Zeitraum personelle und sonstige Ressourcen zur Verfügung zu stellen.«

Die Bereitschaft zum Streik und zur Beteiligung an gewerkschaftlichen Kämpfen steigt, wenn auch die (scheinbar) individuellen Probleme in den Blick genommen werden. Die Gewerkschaft konnte ihrerseits von den Beschäftigten lernen, dass nicht alleine Tarifauseinandersetzungen relevant für die Arbeiter*innen sind. Krähling beschreibt die Arbeitsbedingungen sehr eindrucksvoll: »Wir haben eine sehr hohe Krankenquote, die lag schon bei über 20 Prozent. Die Geschäftsführung verschlimmert den Druck: Sie will einen Gesundheitsbonus einführen, der Gesunde belohnt, und versucht, krankheitsbedingte Kündigungen durchzusetzen. Sie behauptet, es handle sich um Einzelfälle. Aber es ist doch klar, wie sich repressive Führungssysteme auf die Psyche der Menschen und damit auf deren Gesundheit auswirken. Bei uns kommt es vor, dass ein Kollege abgemahnt wird, weil er 16 Sekunden zu früh in die Pause geht. Solche Dinge passieren täglich. Da stehen zu Pausenzeiten Manager vor dem Pausenraum und kontrollieren, ob jemand zu früh kommt.«

Damit ist der Arbeitskampf in Bad Hersfeld zu einer Blaupause für gewerkschaftliche Organisierung gegen Unternehmen wie Amazon geworden, das selbst längst Vorbild für Logistik- und Versandfirmen bis in den deutschen Mittelstand hinein ist. Verdi hat gezeigt, dass einem gewerkschaftsfeindlichen Unternehmen wie Amazon mit einem strategisch geplanten Organisierungsprojekt etwas entgegenzusetzen ist: durch reale Gegenmacht, die sich in Personenstärke ausdrückt, durch Eins-zu-Eins-Gespräche, ein

Verdi-Gewerkschafter*innen übergeben eine Petition, 2013

Netzwerk von Vertrauensleuten und die Einbindung der lokalen Community als Unterstützer*innen. Die kämpfenden Arbeiter*innen haben dem US-amerikanischen Unternehmen mittlerweile konkrete, wenn auch zunächst kleinere Verbesserungen der Arbeitsbedingungen, Weihnachtsgeld und Lohnerhöhungen abgetrotzt. »Bis zum Beginn der Tarifauseinandersetzung hatte Amazon die gezahlten Löhne nur minimal erhöht. Wie Verdi am Beispiel von Bad Hersfeld errechnet, sind die Löhne dort zwischen 2011, dem Beginn der gewerkschaftlichen Aktivitäten, und 2015 um acht Prozent gestiegen – deut-

lich schneller und stärker als in den Jahren zuvor.«[3]
Die Kämpfenden haben das Thema Arbeitsbedingungen bei Tech-Unternehmen in die Öffentlichkeit gebracht und den Diskurs, der zuvor die bessere Zukunft beschwor, die Tech-Unternehmen à la
Amazon angeblich einleiten, deutlich verschoben.

Auch in andere Hinsicht sind die Kämpfe der
Bad Hersfelder Gewerkschafter*innen vorbildlich.
Im Oktober 2014 eröffnete Amazon die ersten Versandzentren in Polen, wohl um den mittlerweile vital gewordenen gewerkschaftlichen Kämpfen und
regelmäßig stattfindenden Streiks in Deutschland
zu entgehen, aber auch, um billigere Arbeitskraft
einzukaufen. Doch knapp acht Monate später wurde bereits eins der beiden Versandzentren in Polen
bestreikt, parallel zu einer Arbeitsniederlegung in
Bad Hersfeld. Der erste polnische Amazon-Streik
war vielleicht bei Weitem nicht so gewerkschaftlich eingehegt wie der in Bad Hersfeld, doch auch
er wurde vorbereitet: sowohl von der anarchosyndikalistischen Basisgewerkschaft OZZ Inijatywa
Pracownicza (IP), die der deutschen FAU nicht unähnlich ist, als auch von einem Austausch mit deutschen Amazon-Arbeiter*innen, die die polnischen
Kolleg*innen auf eine Situation wie die im Oktober 2014 bereits in Gesprächen vorbereitet hatten.

Amazon hatte versucht, den Arbeitsausfall, der durch den Streik in Bad Hersfeld entstanden war, durch das Versandzentrum in Poznań und Mehrarbeit für die Arbeiter*innen dort auszugleichen. In Poznań zeigte sich an diesem Tag zum ersten Mal, dass Arbeiter*innen die gut geölte Planungsmaschine Amazons über Grenzen hinweg zum Stottern bringen können, wenn sie zusammenhalten und sich nicht gegeneinander ausspielen lassen. Bemerkenswert ist diese Zusammenarbeit, die bis heute anhält, auch weil zwei konkurrierende Ansätze des Arbeitskampfes – eine kleine Basisorganisation in Polen und eine nationale, sozialpartnerschaftliche Gewerkschaft in Deutschland – miteinander kooperieren. In einem Interview mit der Journalistin Nelli Tügel beschreibt Amazon-Arbeiterin und Gewerkschafterin Agnieszka Mróz die Strategie der OZZ Inijatywa Pracownicza (IP): »Wir glauben nicht an Dialog mit Amazon oder Sozialpartnerschaft, sondern an Arbeiter*innenmacht im Betrieb und Solidarität«.[4] Genau wie ihre Verdi-Kolleg*innen wissen sie aber auch um die Begrenztheit dieser Kämpfe: »Lokal können wir einige kleinere Auseinandersetzungen gewinnen, aber Großes erreichen wir nur international«, ergänzt im gleichen Artikel ihre Mitstreiterin Magda Malinowska.[5]

Ein supranational agierender Konzern wie Amazon ist nur jenseits nationalstaatlicher Streiks angreifbar, gleichzeitig verschieben lokale Streiks das Übel nur in andere Gebiete, nämlich in den Osten und den Süden. Auf diese Erkenntnis haben die Amazon-Arbeiter*innen bereits praktisch reagiert und die internationale Vernetzung Amazon Workers International (AWI) gegründet. Neben Arbeiter*innen aus Polen und Deutschland koordinieren Amazon-Beschäftigte aus Italien, Frankreich, Spanien, Slowenien, Großbritannien und den USA innerhalb der AWI Erfahrungs- und Informationsaustausche, internationale Konferenzen und erste Versuche gemeinsamer Streikaktionen. In der ebenfalls international vernetzten Kampagne *Make Amazon Pay* organisieren Aktivist*innen und Arbeiter*innen bereits Aktionstage, bei denen Näher*innen in Bangladesch und Kambodscha, Lager- und Logistikarbeiter*innen in Europa und den USA gemeinsam an die Öffentlichkeit treten. Bisher fehlt den Aktionen noch die Kraft, Amazon wirklich finanziellen Schaden zuzufügen. Es zeigt sich aber, dass durch kontinuierlichen Ausbau dieser Netzwerke wie der lokalen Organisierungen internationale Schlagkraft gewonnen werden könnte, um in Zukunft wichtige logistische Knotenpunkte gemeinsam und transnational lahmzulegen. Wie breit die internationale Vernetzung mittlerweile ist, konnte man am 21. Februar 2021 bei einer Online-Gedenkveranstaltung für den verstorbenen Gewerkschafter Christian Krähling sehen, bei der Kolleg*innen und Mitstreiter*innen aus der ganzen Welt mit eigenen Beiträgen kondolierten und um ihren Freund und Mitstreiter trauerten. Es bleibt zu befürchten, dass dieser Umstand aber auch ein Zeichen dafür ist, dass Gewerkschaftsbewegungen noch zu oft von einzelnen beeindruckenden Menschen wie Krähling leben, der zweifellos fehlen wird.

Die sich teilweise deutlich unterscheidenden Gewerkschaftstaktiken sind bislang also kein Hinderungsgrund für eine Zusammenarbeit. Wie unterschiedlich das Vorgehen in den verschiedenen Ländern ist, zeigte sich bei einem landesweiten Streik in Italien im Frühjahr 2021. Am 22. März streikten dort zum ersten Mal alle Arbeiter*innen aus allen Bereichen der Amazon-Logistik des Landes gemeinsam – von den Lieferfahrer*innen bis zu den Lagerarbeiter*innen. Das hatte es vorher noch nie gegeben. Beobachter*innen schätzen, dass sich zwischen 20.000 und 40.000 Arbeiter*innen an dem landesweiten Streik beteiligten. Einer der Beobachter des Streiks, Francesco Massimo, vermutet, dass die Radikalität des Streiks auf die Organisierungsmacht der italienischen Basisgewerkschaften zurückzuführen ist: »Die [Streiks] wurden nicht von den etablierten, sondern von kleinen Basisgewerkschaften, den sogenannten Cobas, angeführt. Deren Arbeitskämpfe haben in ganz Italien hohe Wellen geschlagen und das Gleichgewicht der Kräfte in der Branche verändert. Die Streiks wurden sehr radikal geführt. Die Arbeiter*innen haben nicht nur ihre Arbeit niedergelegt, sondern auch Lagerhallen blockiert und den Warenverkehr behindert. Trotz starker Repression durch die Polizei und die Arbeitgeber wuchsen diese Gewerkschaften und konnten die Arbeitsbedingungen deutlich verbessern. Die Basisgewerkschaften sind ein echtes Schreckgespenst in der Logistikbranche. Und die etablierten Gewerkschaften stehen unter Zugzwang und versuchen daher, die Führung in der Branche zurückzuerobern.«[6] Diesen Zugzwang spürt Verdi in Deutschland nicht: »Für Verdi ist es schon sehr schwer, die Lagerarbeiter*innen gemeinsam zu organisieren. Es scheint mir, dass das Unternehmen in der Lage ist, sich den rechtlichen Vorschriften in Deutschland zu entziehen, während die Gewerkschaftsbewegung darin gefangen bleibt. Dies ist eine Art ›asymmetrische Loyalität‹: Gewerkschaften müssen kämp-

Streiks bei Amazon in Italien, März 2021

fen, um Amazon dazu zu bringen, die Regeln zu respektieren. Aber vielleicht sollten sie anfangen, ohne Rücksicht auf den institutionellen Rahmen zu handeln, genau wie Amazon.«[7] In Deutschland gibt es aktuell keine radikalen Basisgewerkschaften, die eine den italienischen vergleichbare Macht entfalten könnten, deswegen bleibt derzeit nur, die Kämpfe innerhalb von Verdi selbst zu radikalisieren:

Bei aller internationalen Dynamik darf aber nicht vergessen werden, dass lokale Macht immer wieder neu aufgebaut werden muss. Es gibt keine kurzen Wege zu einem transnationalen Streik ohne stabile Organisierung in den Betrieben. Die Niederlage der Gewerkschaft in Bessemer, Alabama in den USA hat das 2021 eindrucksvoll vor Augen geführt. In diesem Südstaatenort sollte die erste Gewerkschaft innerhalb eines Amazon-Fulfillmentcenters gegründet werden – und scheiterte: 738 Amazon-Arbeiter*innen stimmten für die Gewerkschaftsgründung und 1798 dagegen.

Viele wurden von dem Ergebnis überrascht, weil die Presse größtenteils die Kämpfe vor Ort so beschrieben hatte, als wäre die Gewerkschaftsgründung in Alabama ein Selbstläufer. Die langjährige Organizerin Jane McAlevey kritisierte in den Tagen der Niederlage, dass ihre Kolleg*innen vor Ort nicht die nötige Aufbauarbeit gemacht hätten: »Beschäftigte können erfolgreich Gewerkschaften gründen, und sie können erfolgreich streiken. Aber dies ist alles andere als leicht, und um Erfolg zu haben, braucht es Ansätze, die auf Abkürzungen verzichten.«[8] McAlevey argumentiert, dass der Weg, den die Bad Hersfelder*innen gingen, von jedem einzelnen Betrieb immer wieder beschritten werden muss, dass es keine Alternative zum Aufbau einer sozialen Basis für die Kämpfe gibt. Dennoch gibt es keinen automatischen Erfolg solcher Kämpfe, gerade weil sie sich mit dem mächtigsten Konzern der Welt anlegen.

Die Klassenkämpfe der Amazon-Arbeiter*innen sind über die konkreten Kämpfe hinaus somit auch das nötige Korrektiv für die theoretischen Debatten der akademischen Linken, die derzeit die Diskussionen um sozialistische Planungsalternativen zum kapitalistischen Markt wiederbelebt. Die beiden Journalisten Leigh Phillips und Michal Rozworski spielen in ihrer Schrift *The People's Republic of Walmart* diesen Gedankengang konkret durch: Könnte die Infrastruktur von Amazon wie gemacht dafür sein, enteignet, vergesellschaftet und für sozialistische Planungen bedürfnisorientierter Versorgung genutzt zu werden? Die konkreten Klassenkämpfe der Amazon-Arbeiter*innen zeigen allerdings die Grenzen einer solchen Übernahme: Die zur Ausbeutungsmaximierung programmierten Algorithmen sind Herrschaftsinstrumente, die in einer sozialistischen Planung unbrauchbar, weil unmenschlich sind. Die theoretischen Debatten können aber dazu dienen, die Frage nach den längerfristigen Zielen der Kämpfe zu formulieren und Vorschläge für deren Beantwortung zu machen: Was kommt nach den Lohnerhöhungen und vielleicht sogar nach einem hart erkämpften Tarifvertrag? Wie viel Mitbestimmung wollen die Amazon-Arbeiter*innen, auf welchen Arbeitsfeldern, und wer soll die Algorithmen planen? Doch bis diese Fragen praktisch beantwortet werden können, ist noch ein langer und sicher auch kein gerader Weg zurückzulegen.

Anmerkungen

1   Schneider, Michael (2019): Gekommen, um zu bleiben: 20 Jahre Amazon in Bad Hersfeld. blog.aboutamazon.de, 24.7.2019 [14.1.2022].

2   Boewe, Jörn / Schulten, Johannes (2019): Der lange Kampf der Amazon-Beschäftigten. Labor des Widerstands: Globale gewerkschaftliche Organisierung im Online-Handel. Berlin: Rosa-Luxemburg-Stiftung (2., akt. und erw. Aufl.).

3   Ebd.

4   Tügel, Nelli (o.J.): Dann habe ich mitgestreikt. anschlaege.at [14.1.2022].

5   Ebd.

6   Boewe, Jörn / Schulten, Johannes (2021): Lagerhäuser und Kurierdienste im gemeinsamen Streik. Francesco Massimo berichtet vom Kampf bei Amazon Italien. In: express. Zeitung für sozialistische Betriebs- und Gewerkschaftsarbeit, express-afp.info [14.1.2022].

7   Ebd.

8   McAlevey, Jane (2021): Absehbare Niederlage. Woran die Amazon-Gewerkschaftskampagne in Alabama scheiterte. In: Luxemburg. Gesellschaftsanalyse und linke Praxis, www.zeitschrift-luxemburg.de [14.1.2022].

Teile dieses Kapitels sind am 17. Oktober 2017 (»Widerstand durch ›Dienst nach Vorschrift‹«, zusammen mit Carolin Wiedemann) und am 15.6.2021 (»Die wunden Punkte von Amazon«) in der Monatszeitung *analyse + kritik* erschienen.

Klassenkampf statt Bällebad

Die lange Gründungsgeschichte der Google-Gewerkschaft

Nicht nur bei Amazon, auch bei einem anderen Tech-Giganten, Google, organisieren sich europäische und US-amerikanische Arbeiter*innen in Gewerkschaften und vernetzen sich untereinander. Die Strategien, die Kämpfenden und ihre Visionen unterscheiden sich jedoch erheblich voneinander. Das fängt schon bei der Geschichte der Gewerkschaftsgründung an: Am 4. Januar 2021, dem ersten Arbeitstag des neuen Jahres, ging eine Nachricht aus den Vereinigten Staaten um die Welt. Die *New York Times* meldete: »Hunderte Google-Angestellte gründen eine Gewerkschaft.«[1] Die kommentierenden Journalisten waren größtenteils überrascht, dabei war der Gewerkschaftsgründung ein facettenreicher, langer Kampf – nicht nur in den USA – vorausgegangen.

Womit die Kommentatoren allerdings recht hatten: Lange Zeit hatte wenig am Image von Google gekratzt. Das 1998 gegründete Silicon-Valley-Unternehmen, das vor allem für seine Suchmaschine bekannt ist, sich mittlerweile aber auch mit künstlicher Intelligenz (KI), Biotechnologie und Stadtplanung beschäftigt, stand viele Jahre für eine offene, gute Arbeitskultur im Silicon Valley, fürs Arbeiten im Bällebad und das bis 2015 gültige Firmenmotto »Don't be evil«. Google galt als Verwirklichung des Silicon-Valley-Versprechens eines besseren, freundlicheren, netteren Kapitalismus mit digitalen Mitteln. In Rankings belegte der Konzern viele Jahre hintereinander den ersten Platz als bester Arbeitgeber in den USA und in Europa, genauer: in Zürich. Mächtig ist das Unternehmen außerdem: Genau wie Amazon gehört die Marke seit Jahren zu den »Big Five«, den fünf dominantesten Tech-Unternehmen in den USA, neben Apple – das sich mit Amazon abwechselnd den ersten Platz teilt – Facebook und Microsoft. Diese fünf wiederum zählen zu den wertvollsten börsennotierten Unternehmen weltweit und zeichnen sich durch eine Marktkapitalisierung zwischen 500 Milliarden und zwei Billionen US-Dollar aus.

Doch ihre Macht schützt sie nicht vor Kritik. Bereits 2013 gab es erste sichtbare und organisierte Gegenwehr, damals kam der Aktivismus allerdings noch von außen: Die Einwohner*innen von San Francisco und der umliegenden Bay Area sahen sich durch den Zuzug gut verdienender Techarbeiter*innen aus dem Silicon Valley mit steigenden Mieten und zunehmender Obdachlosigkeit konfrontiert. Symbol für diesen Prozess wurden die Google-Busse, die die Programmierer*innen von ihren Wohnungen in der Innenstadt zur Google-Zentrale im Silicon Valley brachten. Gegen diese Busse gab es immer wieder öffentlichkeitswirksame Blockaden, bei denen nicht nur die Gentrifizierung, sondern auch eine generelle Ungleichbehandlung kritisiert wurde: Dieselben Strecken zwischen Wohn- und Arbeitsort mussten nämlich auch die schlechter bezahlten und schlechter gestellten Servicearbeiter*innen zurücklegen – allerdings mit dem unterfinanzierten öffentlichen Nahverkehr (dazu mehr im letzten Kapitel).

2015 dann gab es den ersten nennenswerten Protest von Google-Arbeiter*innen selbst: Die Programmiererin Erica Baker erstellte eine Tabelle, mit der sie ihr Gehalt offenlegte, und schickte diese an Kolleg*innen, von denen viele sie ebenfalls ausfüllten. Durch die Aktion »Share My Salary« wurde die ungleiche Bezahlung von weiblichen und männlichen Techarbeiter*innen sichtbar gemacht. Baker verließ das Unternehmen kurze Zeit später. Drei Jahre darauf folgte der nächste Protest, bei dem die Unternehmensethik im Mittelpunkt stand: Mehr als 3000 Googler*innen, darunter viele leitende Programmierer*innen, hatten einen Brief unterschrieben, in dem sie gegen die Beteiligung des Unternehmens an einem Pentagon-Programm protestierten, das künstliche Intelligenz zur Interpretation von Videobildern und zur Präzisierung von Drohnenangriffen verwenden sollte. Der Protest war erfolgreich: Google verlängerte sein »Project Maven« mit dem Pentagon nicht.

Als Folge der Hashtag-Kampagne #MeToo fand 2018 der »Google Walkout« statt. Weltweit legten 20.000 Google-Arbeiter*innen am 1. November ihre Arbeit nieder und demonstrierten gegen sexuelle Belästigung an ihren Arbeitsplätzen. In jeder Zeitzone verließen sie um 11:10 Uhr ihre Büros. Sie empörten sich darüber, dass Andy Rubin, der Erfinder des Google-Betriebssystems Android, eine Abfindung von neunzig Millionen Dollar bekommen haben soll, nachdem ihm vorgeworfen worden war, eine Kollegin zum Oralsex gezwungen zu haben. Doch die Kritik und die Forderungen an Google reichten weit darüber hinaus. Im *New York Magazine* listeten sieben der Walkout-Organisatorinnen ihre Forderungen auf, darunter das sofortige Ende der Zwangsschlichtungen hinter verschlossenen Türen

»Google Walkout«, Toronto, November 2018

bei arbeitsrechtlichen Problemen, die Anwesenheit von Kolleg*innen oder Gewerkschaftern bei Schlichtungsgesprächen, das Ende der Lohnbenachteiligung von Frauen und People of Color, ein transparentes und einheitliches Verfahren für das Melden sexueller Belästigungen. Außerdem forderten sie, dass eine für Diversity im Unternehmen zuständige Person sowie ein Vertreter der Beschäftigten in den Unternehmensvorstand aufgenommen werden sollten.[2]

Bei einem weiteren Protest ein Jahr später gerieten die Klassenunterschiede bei Google deutlicher in den Blick: Die 34 Zeitarbeiter*innen, denen Google im März 2019 eine fristlose Kündigung schickte, bekamen im Gegensatz zu Rubin vermutlich keine Abfindung. Sie waren damit betraut, den digitalen Sprachassistenten von Google zu füttern, damit dieser den Nutzer*innen die Wetterprognosen mitteilen, Essen bestellen oder eine E-Mail vorlesen kann. So rückte in den Fokus, dass Google eben nicht nur Programmiererinnen, hochbezahlte Manager*innen und Ingenieure beschäftigt, sondern auch Zeit- und Leiharbeiter*innen. Mit 56 Prozent der bei Google beschäftigten Menschen sind Arbeiter*innen mit befristeten Verträgen sogar in der Mehrheit.

Im März 2019 also waren die Google-Arbeiter*innen bereits so gut vernetzt, dass sie schnell einen offenen Brief von tausend Kolleg*innen veröffentlichen konnten, in dem sie nicht nur die Wiedereinstellung der Gekündigten forderten, sondern auch die Kündigungen kritisierten: »Seit Jahren rühmt sich Google damit, sich sehr schnell den Marktanforderungen anpassen zu können und auch bei den Arbeitern schnell und flexibel runter- und hochskalieren zu können. Für die Arbeiter*innen bedeutet diese Art der Skalierung komplette finanzielle Unsicherheit. Das ist der menschliche Preis für Agilität!« Die Google-Assistant-Arbeiter*innen waren aber nicht die Einzigen, denen gekündigt wurde.[3] Timnit Gebru, Koleiterin von Googles »Ethical A. I. Team«, wurde Ende 2020 entlassen, nachdem sie auf mögliche Probleme durch Diskriminierung in KI-Systemen hingewiesen hatte.

Deutlich ist, dass Aktivismus alleine nicht reichen wird, Forderungen gegenüber einem Unternehmen mit Googles Macht durchzusetzen. »Die Kündigungen haben gezeigt, dass wir uns besser organisieren müssen«, erzählt Christopher Schmidt, der als Senior Software Engineer bei Google in Boston arbeitet. Er gehörte zu den ersten, die innerhalb des Silicon-Valley-Unternehmens die Kolleg*innen gewerkschaftlich organisierten. »Zuerst fingen einige von uns an, sich mit Organizer*innen von traditionellen Gewerkschaften zu treffen. Im Jahr 2020 bauten wir nach und nach unsere Gewerkschaft auf. Wir führten Hunderte Gespräche unter vier Augen mit unseren Kollegen, bis wir Anfang dieses Jahres bereit waren, damit an die Öffentlichkeit zu gehen.«

Schätzungen zufolge hat die Holdinggesellschaft Alphabet, zu der Google gehört, in den USA etwa 135.000 Festangestellte. Im März zählte die Alphabet Workers Union (AWU) 800 Mitglieder, darunter auch solche ohne feste Verträge. Das sind im Verhältnis zur Beschäftigtenzahl nicht gerade viele. Schmidt ist dennoch zufrieden, gehört doch die gewerkschaftliche Basisorganisation zum Plan. »Wir sind in den letzten Monaten massiv gewachsen, es gibt jetzt Hunderte Mitglieder, mit denen ich noch nie gesprochen habe. Wir lernen uns erst kennen und finden heraus, welche Themen für wen wichtig sind – damit wir dann gemeinsam kämpfen können.«

Die Gewerkschaftsgründung bei Google ist ein wichtiges Signal: Die Techbranche ist nicht nur eine der mächtigsten Branchen weltweit, es gibt auch kaum einen Wirtschafszweig, in dem so wenig arbeitsrechtlich reguliert ist und in dem Gewerkschaften so wenig verankert sind. Das hat auch mit der Geschichte dieser Unternehmen zu tun. Viele wurden im Silicon Valley gegründet – oder zumindest in dessen Geist. Die sich seit den 1980er Jahren im Valley ansiedelnden Unternehmen wie Apple produzierten neuartige Technologie und formulierten den Anspruch, damit eine bessere Welt zu erschaffen, in der auch Gewerkschaften nicht gebraucht würden. Kern dieser Idee von einer schönen neuen Welt ist eine Art Hightech-Liberalismus: Man verbittet sich Regulierung und Einmischung.

Es ist spannend, dass die, die man für Gewinner dieses Systems halten sollte, wie Christopher Schmidt, jetzt eine scheinbar antiquierte Organi-

AWU-Aktivisti*innen streiten für eine Google-Gewerkschaft

sierungsform wie die Gewerkschaft wiederbeleben. Schmidt und seine AWU-Mitstreiter*innen fassen dabei selbst sehr weit, was ein*e Tech-Arbeiter*in ist: »Es gibt Köchinnen, Kindergärtner, Testfahrerinnen für selbstfahrende Autos, Arbeiter in Datenzentren und Programmierer wie mich.« Schmidt sieht seine Aufgabe auch darin, solidarisch mit jenen zu sein, die nicht so gut gestellt sind wie er. Dieser breite Begriff der (Tech-)Arbeiter*innen-Klasse kann Vorteile haben, weil er die Bewegung breit aufstellt: Jede*r, der lohnabhängig ist, gehört dazu. Es kann aber auch Nachteile haben, weil die Unterschiede letztlich zu groß sind: Wenn die einen aus der Managerklasse bloß Verbesserungen am Unternehmen selbst fordern wie mehr Diversity, Lohnangleichung unter leitenden Angestellten und eine Unternehmensethik, die sie besser schlafen lässt, sind sie wahrscheinlich näher an den Gründer*innen von Google als an den Forderungen der Service-Arbeiter*innen, für die es um existenzielle Lohnfragen, Absicherung und Arbeitsschutz geht. Vielleicht bleibt Schmidt deswegen auch vage, welche konkreten Verbesserungen mit der Google-Gewerkschaft angepackt werden sollen: »Im weitesten Sinn geht es um Sicherheit am Arbeitsplatz«, sagt er. »Dazu gehört für die einen, keine Angst vor Covid zu haben; andere möchten vor Unfällen in Datencentern oder vor Belästigungen und Diskriminierungen geschützt werden.« Die Frage ist auch, wie viel sie überhaupt jetzt schon umsetzen können, denn der Herausforderung, eine Mehrheitsgewerkschaft zu gründen, wie es die Amazon-Arbeiter*innen in Bessemer versucht haben, stellten sich die Googler*innen erst gar nicht, indem sie eine Minderheitengewerkschaft gründeten. Sie stehen also noch vor der Aufgabe, mehr Stärke aufzubauen.

Aber sie sind nicht alleine, denn in Zürich haben ihre Google-Kolleg*innen schon eine Mitarbeitervertretung gegen erhebliche Widerstände des Unternehmens erkämpft. In Zürich, einem der wichtigsten Standorte des IT-Unternehmens, sind rund 5000 Personen beschäftigt. Auch bei den Zoogler*innen, wie die Beschäftigten dort genannt werden, sind die Proteste wie der Google-Walkout angekommen, erzählt Christine Muhr. Sie ist bei Verdi in der Gewerkschaftsföderation Uni Global Union für die internationale Koordination der Google-Gewerkschafter*innen zuständig. »Die Googler in Zürich hatten ähnlich gelagerte Probleme wie ihre US-Kollegen. Sie wollten ebenfalls mehr Mitsprache und transparente Entscheidungsprozesse. Deswegen haben sich die Zoogler schnell der US-Bewegung angeschlossen, was nicht schwer war, weil die Google-Mitarbeiter untereinander weltweit gut vernetzt sind.« Google sah sich offensichtlich von den Organisierungsbestrebungen der Zoogler*innen bedroht und versuchte, durch Union Busting – Verhinderung von Gewerkschaftsarbeit – Treffen von Beschäftigten und Gewerkschaftern zu unterbinden. Damit war Google aber nicht erfolgreich: Im Jahr 2020 konnte die Syndicom, die Gewerkschaft für Medien und Kommunikation in der Schweiz, einen Erfolg vermelden: Bei Google Zürich wurde eine gewählte Personalvertretung eingeführt. Was dort aktuell verhandelt wird, ist leider nicht bekannt. Aus Angst vor den negativen Folgen reden die Zoogler*innen nicht mit der Presse. »Don't be evil« sieht jedenfalls anders aus. Trotz dem schwierigen Start sind die Zoogler*innen auch ein Vorbild für Google-Arbeiter*innen in anderen Ländern, weiß Muhr zu berichten: In elf europäischen Ländern gibt es Bestrebungen, Mitbestimmungsstrukturen von Google-Arbeiter*innen zu verankern, und die Gewerkschaften versuchen, über Nationalstaatsgrenzen hinweg Strukturen bereitzustellen. In einer Hinsicht haben die sich organisierenden Tech-Arbeiter*innen jedenfalls schon einen Sieg errungen: Ihre PR hat Google entzaubert und gezeigt, dass die »anständigen« Tech-Konzerne nicht anders als herkömmliche Unternehmen funktionieren. Sie versuchen zwar, sich mit einer alternativen Aura zu umgeben – am Ende sind der Lohn, die Mitbestimmung und die ethische Ausrichtung der Produkte aber auch hier nur Machtfragen. Es wird sich zeigen, ob die unter dem breit gefassten Begriff »Tech-Arbeiter*innen« Organisierten tatsächlich auch die Arbeitsrechts- und Lohnfragen der Servicearbeiter*innen thematisieren und für sie Verbesserungen erkämpfen oder ob sie bei den ethischen Anliegen der Programmierer*innen stehen bleiben.

Anmerkungen

1   Conger, Kate (2021): Hundreds of Google Employees Unionize, Culminating Years of Activism. In: The New York Times, 4.1.2021, www.nytimes.com [14.1.2022].
2   Stapleton, Claire / Gupta, Tanuja u.a. (2018): We're the Organizers of the Google Walkout. Here Are Our Demands. In: The Cut, 1.11.2018, www.thecut.com [14.1.2022].
3   Scholz, Nina (2019): Der Lack ist ab. In: Der Freitag 15/2019, www.freitag.de [14.1.2022].

Teile dieses Kapitels sind am 8.4.2021 in der Schweizer Wochenzeitung *WOZ* unter dem Titel »Die Google-Gewerkschaft. Nach dem Bällebad in den Arbeitskampf« erschienen.

Von wilden Streiks zum Betriebsrat
Gig-Arbeiter*innen gegen Deliveroo und Gorillas

Am 21. August 2016 passierte etwas, was selbst Beobachter*innen der Gig Economy nicht für möglich gehalten hatten: Die Kuriere des Lieferdiensts Deliveroo traten in London in einen wilden Streik. Auslöser war laut Medienberichten eine Textnachricht, die einige Deliveroo-Fahrer*innen wenige Tage zuvor erhalten hatten. Darin wurde ihnen mitgeteilt, dass sie bald nur noch 3,75 Pfund (umgerechnet etwa 4,30 Euro) pro ausgeliefertem Essen verdienen würden statt dem bis dahin vereinbarten festen Stundenlohn von sieben Pfund plus einem Pfund pro ausgeliefertem Essen. Am selben Tag wurde in der Presse berichtet, Deliveroo habe in einer weiteren Finanzierungsrunde 275 Millionen Dollar eingesammelt und genieße mit einem Unternehmenswert von über einer Milliarde Pfund nun den Status eines sogenannten Unicorn. Bis heute halten die Arbeitskämpfe der Kuriere an, durch diesen Streik aber waren plötzlich und unerwartet die räuberischen Geschäftsstrategien dieses weltweit agierenden Lieferdienstes sowie reale Möglichkeiten, sich kollektiv dagegen zu organisieren, in den Fokus der Öffentlichkeit gerückt.

Deliveroo ist genau wie Amazon und Google ein Plattform-Unternehmen. Den Aufstieg dieser Unternehmen und was sie charakterisiert, beschreibt der Politikwissenschaftler Nick Srnicek in *Platform Capitalism*: Plattformunternehmen basieren auf digitalen Infrastrukturen und sind Vermittler zwischen verschiedenen Gruppen von Benutzer*innen, also zum Beispiel zwischen Restaurants, Kund*innen und Kurieren wie im Fall von Deliveroo. Bei diesem Geschäftsmodell verdienen die Plattformen nicht nur an der Vermittlung der Interaktion, sie gelangen auch an Kundendaten, die sie nutzen, um ihre Services an die Bedürfnisse ihrer Kund*innen anzupassen. So entstehen Netzwerkeffekte: Die Plattform mit den meisten und besten Daten kann die Wünsche der Kund*innen am zielgenausten steuern und hat die Chance, am mächtigsten auf dem Markt zu werden. Srnicek schreibt von der »natürlichen« Tendenz zur Monopolbildung der Plattform-Unternehmen. Gleichzeitig beteiligen sich immer mehr Unternehmen an digitalen Interaktionen, weswegen die Zahl der Plattformen und ihre Konkurrenz untereinander stetig zunimmt. Mit dem Aufstieg der Plattform-Unternehmen ging eine Zunahme von digitalvermittelten Dienstleistungen einher – und ihre Zentralisierung, wie sie sich am Beispiel der Kurierfahrten für Restaurants zeigt. Srnicek unterscheidet dabei fünf verschiedene Unternehmenstypen: Werbeplattformen wie Google, Cloud Plattformen wie die Amazon Web Services (AWS), Industrieplattformen wie MindSpheres von Siemens, die oft in die traditionelle Fertigung integriert sind, On-Demand-Plattformen wie Carsharing-Unternehmen oder Streamingdienste wie Spotify und schließlich sog. schlanke Plattformen, die ausschließlich vermittelnd tätig sind.

Deliveroo ist eine Mischung aus einer On-Demand- und einer schlanken Plattform und wurde wie viele andere schlanke Plattformen – etwa Uber, Airbnb, Helpling – während oder kurz nach der Finanzkrise 2007/2008 gegründet. Die Krise hat den Druck auf Arbeiter*innen nochmal verstärkt, was diese Unternehmen unter dem Deckmantel der Hipness und Neuartigkeit für sich nutzen konnten, um Arbeitsrechte weiter auszuhöhlen und neue Modelle der Scheinselbstständigkeit, prekärer und informeller Lohnarbeit zu institutionalisieren. Heute läuft dieses Geschäftsmodell oft unter dem Label Gig-Economy, da die Arbeiter*innen – wie die Deliveroo-Kuriere – pro Gig, also pro Auftrag entlohnt werden. Immer mehr Menschen arbeiten zum Beispiel als sogenannte Crowdworker, das heißt, ihnen werden »Gigs« über Jobplattformen wie Clickworker.com vermittelt. Darunter fallen auch kurzfristige Beschäftigungsverhältnisse, die vom heimischen Computer aus erledigt werden können.

Doch auch mit zunehmender digitaler Infrastruktur verändert der Kapitalismus seinen Charakter nicht, schreibt die britische Arbeitssoziologin und Spezialistin für Gig-Economy Ursula Huws diese Entwicklungen: »Nach jeder Krise ist die Neustrukturierung des Kapitalismus noch extremer. Diese Restrukturierungen haben zwei Dimensionen: innerhalb der einen soll die Produktivität wiederhergestellt werden, die bereits existierenden Industrien werden wieder profitabel gemacht. Innerhalb der zweiten Dimension werden neue Industrien erschaffen, es werden weitere Lebensbereiche in den Kapitalismus integriert. Beides sind sehr aggressive Prozesse. […] Es ist nicht neu, dass Menschen als Putzkraft, Schreiner oder Fahrer angestellt werden, aber die Vermittlung fand vorher oft informell statt. Diese Jobs wurden meist bar bezahlt, unter der Hand und nicht versteuert, sie haben also keinen Profit für kapitalistische Unternehmen erwirtschaftet.

Was tatsächlich passiert, ist ebenfalls so alt wie der Kapitalismus selbst: Die Plattformen organisieren und verwalten diese Tätigkeiten, sie disziplinieren die Arbeiter*innen und kreieren eine neue Arbeiterschaft. Ihr Geschäftsmodell ist ebenfalls nicht neu: Sie machen ihren Profit, indem sie eine Miete beziehen, manchmal von den Arbeiter*innen, manchmal vom Kunden, manchmal von beiden. Es kommt uns nur revolutionär vor, weil wir uns noch in der Wildwest-Phase befinden, diese Plattformen noch nicht reguliert werden.« Auch der Soziologe Robin de Greef widerlegt in *Riders Unite* die These vom neuen Kapitalismus, vielmehr analysiert er die Entstehung der Plattform-Unternehmen als logische Entwicklung der neoliberalen Deregulierungen der letzten Jahrzehnte: »Die Gig-Economy muss als Spitze eines Eisberges der Prekarisierung verstanden werden, dessen Ursprünge bis in die Siebziger Jahre zurückreichen.«[1]

Die Arbeiter*innen dieser Plattformen galten als prekär, vereinzelt und unorganisierbar – bis zum 21. August 2016, als die Deliveroo-Fahrer*innen in London allen das Gegenteil bewiesen. Im Gegensatz zu anderen Gig-Arbeiter*innen hatten sie den Vorteil, dass sie nicht nur über digitale Chatgruppen miteinander in Kontakt waren, sondern sich auch

Deliveroo-Fahrer*innen im Streik, London, April 2021

von der Straße kannten, wo sie zusammen ihre Pausen verbrachten. Ihr Streik war also nicht ganz so spontan, wie er in vielen Presseartikeln dargestellt wurde. Und er wirkte ansteckend: Zwei Monate später traten die Kuriere in Turin in Streik, im Dezember in Bordeaux. In Deutschland nahmen die Proteste und die Organisierung der Kuriere dann ab Frühling 2017 Fahrt auf. Unterstützt werden sie alle von Basisgewerkschaften – in Großbritannien von der Independent Workers' Union of Great Britain (IWBG), in Italien von der Sindacato Intercategoriale Cobas (SI Cobas), in Frankreich von Solidaires Unitaires Démocratiques (SUD) und Confédération générale du travail (CGT) und in Deutschland von der Freien Arbeiter*innen Union (FAU) – die von Anfang an auch einen internationalen Austausch organisierten. Bei transnationalen Streikkonferenzen trafen sich Basisgewerkschaften und postautonome Gruppen, um Erfahrungen auszutauschen und gemeinsame Forderungen zu formulieren.[2]

In Berlin fand im Frühjahr 2017 eine erste Versammlung von Kurierfahrer*innen der damals in der Hauptstadt aktiven Lieferdienste Foodora und Deliveroo mit der FAU statt. Hier wurden erste Forderungen formuliert und die Berliner Kampagne *Deliverunion* geboren. Susann aus Polen sagt am Abend der Gründung: »Wir wollen, dass sie die Kosten für die Ausrüstung übernehmen, sie sollen für die Telefone und die Fahrradreparaturen aufkommen.« Der damalige Pressesprecher der FAU, Clemens Melzer, ergänzte: »Die Kampagne hat zunächst einmal das Ziel, die Arbeitsbedingungen zu verbessern. Wir sind ja Basisgewerkschaften, das heißt, da wird an der Basis entschieden, was sind die Bedürfnisse der Leute in den Betrieben, und das kann natürlich auch lokal unterschiedlich sein. In Großbritannien ist Selbstständigkeit und Scheinselbstständigkeit und der Kampf dagegen ein großes Thema, das ist es hier weniger, weil hier fast alle festangestellt sind. Deswegen können die Forderungen variieren. Es geht aber um Verbesserung der Arbeitsbedingungen, dass man überhaupt Jobs schafft, von denen man leben kann, aber auch ein Zeichen setzt gegen die zunehmende Prekarisierung. Es ist schon eine Kampagne, die auch politisch gemeint ist.«

In anderen Ländern, etwa den USA, verbinden sich die Kämpfe der Kurierfahrer*innen mit denen anderer Plattformen wie den Uber- und Lyft-Fahrer*innen: Sie kämpfen darum , bei den Unternehmen angestellt zu werden und nicht als soloselbstständige Kleinunternehmer*innen die Risiken ihrer Arbeit zu tragen. Die Kämpfe in Deutschland drehen sich ebenfalls um den rechtlichen Graubereich, in dem die Plattformen Kosten und Risiken auf die Fahrer*innen abwälzen. Die Fahrer*innen, die in der *Deliverunion*-Kampagne organisiert sind, fordern deswegen: »Übernahme von Instandhaltungskosten für Fahrräder, die Gewährleistung einer ausreichenden Anzahl an Schichten für einzelne Rider durch einen sofortigen Rekrutierungsstopp und Lohnerhöhungen von mindestens einem Euro pro Stunde beziehungsweise pro Lieferung.«[3] Zur Durchsetzung der Forderungen setzt die Basisgewerkschaft FAU Berlin auf direkte Aktionen wie

Proteste vor der Zentrale von Foodora, Fahrraddemos unter dem Motto »Shame on you, Deliveroo!« und andere pressewirksame Aktionen.

Einen anderen Weg geht die Kölner Kampagne *Liefern am Limit*, Ende 2017 ins Leben gerufen von Kurieren, die in der sozialpartnerschaftlich ausgerichteten DGB-Gewerkschaft Nahrung-Genuss-Gaststätten (NGG) organisiert sind: Diese setzte von Anfang an auf die Gründung von Betriebsräten, die die FAU 2017 noch ablehnte. Trotzdem entstand zwischen den beiden unterschiedlichen gewerkschaftlichen Ansätzen – radikale Basisdemokratie versus sozialpartnerschaftliche Interessensvertretung – zwischendurch so etwas wie ein produktives Verhältnis, in dem sie manchmal miteinander konkurrieren, manchmal kooperieren, sich aber auch über die Jahre gegenseitig beeinflusst haben: Die FAU steht heute Betriebsräten nicht mehr so ablehnend gegenüber, die NGG hat Methoden der direkten Aktion übernommen, und Fahrer*innen beteiligen sich an gewerkschaftlichen Aktionen und sprechen für sich selbst.

Waren die Kämpfe der Kuriere erfolgreich? Das ist schwer zu sagen, weil es die beiden Unternehmen – Deliveroo und Foodora – heute auf dem deutschen Markt nicht mehr gibt, Forderungen der Kuriere also nicht eins zu eins übernommen werden konnten. Die beiden Unternehmen lieferten sich auf dem Berliner Markt, mit Lieferando als Drittem im Bunde, einen Kampf um die Vormachtstellung, wie sie Scrnicek auch in *Platform Capitalism* beschrieben hat: Sehr viel Geld wurde in Werbe- und Imagekampagnen gesteckt; für die Expansion sammelten sie in Millionenhöhe Investorengelder ein, die ihrerseits auf den alleinigen Erfolg des jeweiligen Unternehmens wetteten, in das sie investierten; die Plattformen selbst verteilten Gutscheine, versprachen günstige und schnelle Lieferungen. In das britische Unternehmen Deliveroo beispielsweise wurden bis Ende 2017 Investitionen in Höhe von 575 Millionen US-Dollar getätigt, und zwar hauptsächlich von Amazon. Doch das half alles nichts: Im August 2018 stellte das Unternehmen von einem Tag auf den anderen die Geschäftstätigkeit in Deutschland ein, Tausende Kuriere waren plötzlich arbeitslos.

Lieferando (gehört mittlerweile zum niederländischen Konzern Just Eat Takeaway) hat in Deutschland einige Forderungen der Deliverunion-Kampagne erfüllt: Die Kuriere können auf Leihfahrräder zurückgreifen und ihre Ausrüstung in einem sogenannten Hub statt zu Hause lagern. Auch die von der NGG erkämpften sechs Betriebsräte bei Foodora

wurden nach einem gewonnenen Rechtsstreit übernommen. Alles in allem haben sich die Arbeitsbedingungen aber kaum verbessert, obwohl sie mehr
in den Fokus des öffentlichen Bewusstseins gerückt
sind. Trotzdem bringen die organisierten Kuriere
und ihre anhaltenden Kämpfe die stetig expandie-
renden und deswegen auf ein gutes Image angewie-
senen Unternehmen immer wieder in Bedrängnis:
»Der an der University of Leeds entwickelte ›Index
of Platform Labour Protest‹ listet seit 2015 über 300
Arbeitskämpfe bei Plattformunternehmen weltweit
– Tendenz steigend.«[4]

Wie gut die Kuriere innerhalb der FAU Berlin
mittlerweile organisiert sind, wie viel sie in den
letzten Jahre hinsichtlich konkreter Kämpfe da-
zugelernt haben, kann man seit Sommer 2021 in
Berlin beobachten. Dort gibt es, wie in vielen anderen europäischen Städten, ein neues Plattformunternehmen: Das Start-up Gorillas liefert allerdings
keine fertigen Speisen von Restaurants, sondern
Supermarkteinkäufe aus – und das im innenstädti-
schen Liefergebiet binnen zehn Minuten; so lautet
zumindest der Werbeclaim des jungen Unternehmens. Alles, was im Supermarkt bestellt werden
kann, kann man auch bei Gorillas bestellen; fast
zum selben Preis.

In den Berliner Bezirken, die das Unternehmen beliefert, wurden zahlreiche Lagerflächen angemietet, in denen sogenannte »Picker« die per App bestellten Lebensmittel in die Rucksäcke der Kuriere füllen, die sie dann mit dem Fahrrad zu den Kund*innen bringen. Für den Service zahlen die Kund*innen derzeit nur 1,80 Liefergebühr. Mit diesem Versprechen wurde Gorillas zu einer der am höchsten bewerteten Unternehmensgründungen im Jahr 2021. Der Lieferdienst von Gründer Ka an Sümer hat bis Herbst 2021 bereits über 1 Milliarde von Investoren erhalten, wird mit 2,6 Dollar bewertet; ist also ein sogenanntes Unicorn und das nur wenige Monate nach dem Start.[5] Doch warum wetten Investoren auf den Erfolg von Gorillas, worauf beruhen ihre Erwartungen?

Das Unternehmen spart genau wie Deliveroo an fast allem, was Kosten verursacht: Statt mit Autos und Lieferwagen, wie beispielsweise der Konkurrent Rewe, liefert Gorillas mit Fahrrädern aus, die kostengünstig von Swapfiets, einem anderen Startup, gemietet werden. Dass diese nicht für das Berliner Kopfsteinpflaster und schweres Gepäck gemacht sind, scheint dabei wenig zu stören, erzählt Silvan (Name geändert), einer der Gorillas-Kuriere im April 2021. »Selbst die jungen Kollegen haben

Rückenschmerzen. Wir haben kein Essen in Pappschachteln auf dem Rücken, wie unsere Lieferando-Kollegen, sondern schwere Einkäufe. Viele bestellen Wein oder Champagner.«[6]

Auch an Sonderzulagen des Einzelhandels wird gespart: »Wir haben unsere Manager gefragt, warum wir sonntags und nachts keine Schichtzulage bekommen. Verkäufer bekommen dann mehr Lohn, wir nicht.« Statt einer Schichtzulage wurden die kritischen Gorillas-Kuriere von der Geschäftsleitung einzeln zu Gesprächen gebeten, in denen Druck auf sie ausgeübt wurde, berichtet Silvan.[7] Das Unternehmen setze generell auf Druck, um sein Versprechen, die Lebensmittel in Rekordzeit auszuliefern, einzuhalten, erzählt er: »Gorillas will wachsen, das ist ihr Fokus, und je mehr sie wachsen, desto schlechter werden unsere Arbeitsbedingungen. Wir werden ständig erinnert, dass wir uns beeilen sollen, aber ohne Zahlen zu kennen, wo und wann wir langsam waren«, sagt Silvan.[8] Die Fahrer*innen können aufgrund des Umfangs und des Gewichts der Lieferungen nicht mehrere Auslieferungen am Stück machen wie bei Deliveroo, Lieferando, Wolt & Co. Silvan vermutet, das Management verbreite solche Zahlen, um den Druck auf die Fahrer*innen zu erhöhen.

Silvan berichtet, wie hierarchisch und repressiv es hinter der bunten, freundlichen Start-up-Fassade zugeht: »Es gibt nicht nur die Geschäftsführung und das Management, sondern auch ›Mini-Bosse‹, die Berichte über unsere Performance verfassen. Wir vermuten, dass schon einige aufgrund dieser Berichte gefeuert wurden, vor allem die Kollegen, die noch nicht lange in Deutschland sind und das Arbeitsrecht hier nicht kennen.« Silvan kommt – wie viele seiner Kolleg*innen – nicht aus Deutschland, viele sprechen im Gegensatz zu ihm kaum Deutsch und kennen auch deshalb ihre Rechte nicht.

Gorillas-Gründer Kağan Sümer hat zur Sicherstellung seines Erfolgs erfahrenes Personal in die Unternehmensleitung geholt, etwa den ehemaligen Deliveroo-Geschäftsführer Felix Chrobog, dem schon öfter vorgeworfen wurde, er schüchtere Arbeiter ein. Ebenfalls in der Geschäftsleitung sind Ex-Lidl-UK-Chef Ronny Gottschlich und der ehemalige Group Director von Delivery Hero, Canberk Donmez. Gorillas hat sich von Deliveroo genauso viel abgeschaut wie von Amazon: Statt zwischen Restaurant und Kund*innen zu vermitteln, werden genau wie in den großen Logistiklagern des Versandriesens Produkte – Lebensmittel – unter Zeitdruck »gepickt« und dann von den Fahrradkurieren in Eiltempo ausgeliefert. Genau wie Amazon verspricht auch Gorillas die schnellste Lieferung an den Kunden auf Kosten der Arbeiter*innen. Gorillas setzt auf die systematische Ausbeutung migrantischer, junger Arbeiter*innen aus dem europäischen oder globalen Süden: Austerität und Armut treibt sie in die europäischen Städte im Norden, wo sie bei den Plattformen landen und auf Jobs angewiesen sind, bei denen sie auch mit geringen Deutschkenntnissen arbeiten können.

Doch nicht nur die Unternehmen, auch die Kämpfenden lernen dazu: Silvan und seine Kolleg*innen gründeten bereits 2021 einen Betriebsrat. Ihre Forderungen sind unter anderem, dass Waren nicht mehr auf den Rücken der Kuriere, sondern in Körben transportiert werden. »Das würde Gorillas Geld kosten, also weigern sie sich.« Sie wollen gleichen Lohn für alle durchsetzen: »Manche verdienen 12 Euro die Stunde, andere verdienen 10,50 Euro.« Und sie wollen verhindern, dass Kolleg*innen ihren Urlaub nicht nehmen: »Das Management streut Falschinformationen, was Urlaubstage angeht. Manche Mini-Jobber haben die Information bekommen, dass sie keinen Anspruch auf Urlaub hätten. Das ist eine Lüge, die aber gerade viele der Kuriere, die kein oder kaum Deutsch können, nicht erkennen.« Schwer wiegt auch der Vorwurf, dass Gorillas den Lohn der Kuriere stehlen würde: »Wir haben Verträge über 20 oder 40 Arbeitsstunden, bekommen aber nur bezahlt, was wir auch ausgefahren haben.«

Unterstützung bekommen die Kurierfahrer*innen wieder maßgeblich von der Berliner FAU, aber auch von der NGG und Verdi. Die in der FAU organisierten Kurierfahrer*innen können mittlerweile schnell reagieren und weitere Fahrer*innen organisieren, wissen, wie sie Kolleg*innen in Eins-zu-eins-Gesprächen überzeugen, sich an Arbeitskämpfen zu beteiligen – die Arbeitssprache der Kuriere untereinander ist Englisch –, und stellen Kommunikationsinfrastruktur und rechtliches Wissen bereit. Auch von Union-Busting-Versuchen seitens Gorillas lassen sich die Kuriere nicht einschüchtern: Anfang Juni 2021 hatten die Organisator*innen der Betriebsratswahl zu einer Mitarbeiterversammlung eingeladen, um den Wahlvorstand zu wählen: der erste Schritt, um dann die eigentlichen Wahlen durchführen zu können. Gorillas-Arbeiter*innen berichteten, dass auch leitende Angestellte versucht hatten, sich Zutritt zu verschaffen, und Arbeiter*innen gedroht wurde. Dass betriebliche Vertretung und direkte Aktionen wie wilde Streiks für die Kuriere nicht mehr im Widerspruch stehen, zeigte sich eine Woche später: Als am 9. Juni 2021 ihr Kollege Santiago nach einer Verspätung ohne Vorwarnung gefeuert wurde, stellten sie spontan die Arbeit ein, blockierten tagelang verschiedene Auslieferstationen und forderten unter dem Slogan »We want Santiago back« die Wiedereinstellung ihres Kollegen. Die Gorillas-Chefs reagierten, indem sie die Polizei riefen und sich auch sonst wenig kompromissbereit zeigten. Im Herbst 2021 kam es erneut zu wilden Streiks in Berlin, weil die Forderungen der Gorillas-Arbeiter*innen nach pünktlich bezahlten Löhnen und Arbeitssicherheit nicht erfüllt werden. Diesmal streiken mehr Kuriere. Das Unternehmen reagiert mit Kündigungen; darunter auch die streikende Belegschaft einer kompletten Auslieferstation. Und auch das Union Busting geht weiter: Um die Betriebsratswahlen doch noch zu verhindern, versuchen die Gorillas-Chefs ihr Unternehmen auf ein Franchise-Modell umzustellen: »Damit müsste, so das Kalkül, in jedem Warehouse ein eigener Betriebsrat gegründet werden«, schreiben die beiden Journalist*innen Jan Ole Arps und Nelli Tügel, die die Streiks der Gorillas-Fahrer*innen eng begleitet haben.[9] Gorillas scheitert vor Gericht in zwei Instanzen damit,

Streiks von Gorillas-Kurieren in Berlin, Herbst 2021

mit diesem Trick die Betriebsratswahlen zu verhindern. Seit Ende November 2021 hat Gorillas
in Berlin einen Betriebsrat.

Die Auseinandersetzungen rund um die wilden Streiks gehen aber weiter: »Vor Gericht sind noch mehrere Verfahren anhängig, in denen es unter anderem um die Kündigungen von mehreren Ridern im Oktober (2021) geht. Der offizielle Grund dafür war die Beteiligung an *illegalen* Streiks, da keine anerkannte Gewerkschaft zu diesen aufgerufen hatte«, meldet die *analyse & kritik* im Dezember 2021. Spontane politische und/oder von Gewerkschaften nicht legitimierte Streiks sind in Deutschland illegal. Eigentlich. Vielen Fahrer*innen, die oft nicht aus Deutschland kommen, leuchtet das nicht ein. Ein Fahrer aus Bulgarien, der anonym bleiben möchte, sagte im Gespräch: »Wenn ich mein Gehalt nicht bekomme, streike ich. Was ist daran so schwer zu verstehen?« Wenn man, wie die Gorillas-Arbeiter*innen, genügend Organisations- und Mobilisierungsmacht hat, ist wildes Streiken also möglich, zumal die Angst vor einer vom Arbeitsgericht bestätigten Kündigung bei vielen gering ist. Da schneidet sich das Unternehmen Gorillas mit seinen auf Prekarität ausgerichteten Jobs also ins eigene Fleisch. Wilde Streiks sind außerdem von der Europäischen Sozialcharta abgesegnet, weswegen auch Arbeitsrechtler gerade ins Debattieren kommen. Nur die DGB-Gewerkschaften spielen eine komplizierte Rolle: Einerseits wollen die sozialpartnerschaftlichen Gewerkschaften die Kuriere gern bei sich organisieren, sie wollen die wilden Streiks bisher aber nicht unterstützen.[10] Mit den Gerichtsverfahren fordern die Kurierfahrer*innen also nicht nur das Gorillas-Unternehmen heraus, sondern auch Verdi & Co, argumentieren Jan Ole Arps und Nelli Tügel: »Die Gorillas-Rider wehren sich auf der Straße und im Gerichtssaal – mit Zielen, die weit über die Branche hinausweisen. Der offizielle Grund für die Massenkündigungen war die Beteiligung an ›illegalen‹ Streiks, zu denen keine tariffähige Gewerkschaft aufgerufen hat.«[11] Sie zeigen auch, was für die etablierten Gewerkschaften auf dem Spiel steht: »Damit aber sollten sich Verdi & Co. ernsthaft auseinandersetzen, wenn sie nicht den Anschluss an die Kämpfe der neuen – oft migrantischen – Arbeiter*innen verlieren wollen.«[12] Seit 2016 sind die Kämpfe der Kurierfahrer*innen Vorreiter und Labor für die Arbeitskämpfe, die wir in Zukunft noch viel öfter sehen werden: Gegen die mächtigen Gig-Plattformen organisieren sich oft migrantische junge Menschen, die auf die behäbigen, etablierten Gewerkschaften nicht mehr angewiesen sind – und das konservative, rigide deutsche Streikrecht infrage stellen.

Anmerkungen

1   De Greef, Robin (2020): Riders Unite! Arbeitskämpfe bei Essenslieferdiensten in der Gig-Economy. Das Beispiel Berlin. Berlin: Die Buchmacherei, S. 23.

2   www.transnational-strike.info.

3   De Greef, Robin: Riders Unite!, a.a.O.

4   Altenried, Moritz Altenried / Niebler, Valentin (2021): Kampf um Regulierungen. In: Jacobin, 10.6.2021, jacobin. de [14.1.2022].

5   Ksienrzyk, Lisa / Heuberger, Sarah (2021): Delivery Hero bestätigt Investment in Gorillas. In: Business Insider / Gründerszene, 19.10.2021, www.businessinsider.de [14.1.2022].

6   Scholz, Nina (2021): Klassenkampf beim Unicorn. Rosa Luxemburg Stiftung, 1.5.2021, www.rosalux.de [14.1.2022].

7   Ebd.

8   Ebd.

9   Arps, Jan Ole / Tügel, Nelli (2021): Die Gorillas kämpfen für uns alle. In: Der Freitag 46/2021, www.freitag.de [15.1.2022].

10 Scholz, Nina (2021): Gorillas motzen die deutsche Streikkultur auf. In: Der Freitag 41/2021, www.freitag.de [15.1.2022].

11 Arps, Jan Ole / Tügel, Nelli: Die Gorillas kämpfen für uns alle, a.a.O.

12 Ebd.

Teile dieses Kapitels sind am 15.8.2016 (»Neuverpackte Scheinselbstständigkeit«) in der *tageszeitung*, am 16.5.2017 (»Hope of Deliverance «) in der Monatszeitung *analyse + kritik* und am 4.7.2017 (»Food-Kuriere gehen auf die Barrikaden«, mit Mirjam Kid) auf *Deutschlandfunk Kultur* erschienen.

Kämpfen, wo andere Urlaub machen

Wider die Wildwest-Verhältnisse in der Tourismusbranche

Tourismus ist ein gigantischer Markt, lokal und weltumspannend, und es sah lange Zeit so aus, als sei kein Ende in Sicht – bis Corona kam und der Branche einen Dämpfer verpasste. »Insgesamt belief sich der touristische Konsum in Deutschland im Jahr 2015 auf 287,2 Milliarden Euro«, heißt es in einer Studie der Bundesregierung.[1] Der Tourismus machte in diesem Jahr 3,9 Prozent der gesamten Bruttowertschöpfung aus, vergleichbar also mit dem Einzelhandel (3,3 Prozent), dem Maschinenbau (3,5 Prozent) oder den freiberuflichen und technischen Dienstleistern (4,4 Prozent). 2,92 Millionen Menschen waren direkt in der Tourismuswirtschaft beschäftigt und weitere 1,25 Millionen Menschen indirekt. 80 Prozent der getätigten Reisen waren Privatreisen, ein Riesenmarkt, nicht nur in Deutschland, sondern weltweit.

Doch die Erwerbstätigen profitieren selten von diesem Boom. Genau wie in anderen Dienstleistungsbranchen oder der Tech-Industrie wird die Goldgräberstimmung im Tourismusbereich von fehlender gewerkschaftlicher Repräsentation, von prekären Beschäftigungsmodellen und Scheinselbstständigkeit begleitet. Aber genau wie in diesen Branchen gibt es immer wieder Arbeiter*innen, die sich dagegen wehren, wie zum Beispiel die Flugbegleiter*innen der Billigairline Ryanair.

Die Fluggesellschaft ist ein Platzhirsch der Branche. »Je nachdem wie man rechnet, ist Ryanair die erfolgreichste oder zweiterfolgreichste Fluglinie Europas«, sagte Verdi-Gewerkschafterin Mira Neumaier im Sommer 2018. Damals waren die Kämpfe der Ryanair-Beschäftigten in vollem Gange. »Sie unterbieten die Preise ihrer Konkurrenten. Das können sie, weil der Kunde für jedes weitere Angebot draufzahlen muss. Alle Bereiche und Abläufe werden permanent auf Kosteneffizienz geprüft, überall wird gespart, auch wenn es um Cent-Beträge geht.« Gespart werde aber auch an anderer Stelle: »Der Erfolg von Ryanair beruht auf der Ausbeutung der Beschäftigten. Das Gefühl des Ausgeliefertseins, der kompletten Entrechtung, das gab es bei Beschäftigten in Europa und in Deutschland so schon lange nicht mehr«, so Neumaier. »Das ist möglich, weil Ryanair ein irisches Unternehmen ist und die Be-

Ryanair-Beschäftige im Warnstreik, Flughafen Tegel, Februar 2017

schäftigten nach irischem Arbeitsrecht behandelt werden, das ganz miserabel ist. Es gibt zum Beispiel keinen Kündigungsschutz.«

Bereits im Dezember 2017 streikten die Ryanair-Pilot*innen in Deutschland. Ostern 2018 folgten dann Streiks der Kabinenbeschäftigten in Portugal, in der Bundesrepublik fanden erste Arbeitskämpfe im August und September 2018 statt. Insgesamt gab es zwischen 2017 und 2019 14 Streiks, wobei der längste in Spanien stattfand: Dort legten die Kabinenbeschäftigten im September 2019 insgesamt zehn Tage die Arbeit nieder. An der Kampagne *Cabin Crew United* beteiligten sich 14 Gewerkschaften aus 14 Ländern; die Dienstleistungsgewerkschaft Verdi für Deutschland kam aber erst an Bord, als der europaweite Arbeitskampf schon in vollem Gange war: »Wir hatten [zuvor, N.S.] nur wenige Monate Zeit, die Belegschaft zu organisieren und das an 14 Orten in ganz Deutschland. Wir haben uns Unterstützung von externen Organizer*innen geholt und es tatsächlich in kurzer Zeit geschafft, die Belegschaft weitestgehend geschlossen zu organisieren«, erzählt Neumaier. »Wir können erstmals wirklich Verbesserungen erreichen. Das konnten wir uns nicht entgehen lassen.«

Die Frage der vergüteten Arbeitsstunden war in diesem Streik zentral. Weil manche Ryanair-Mitarbeiter*nnen kein Grundgehalt bekommen, verdienen sie oft nur wenig Geld, wenn sie bei der Schichtvergabe keine Flugstunden erhalten. Und Überstunden, die zum Beispiel bei Flugverspätungen schnell anfallen können, werden dann auch nicht entlohnt: »Es gibt Beschäftigte, die haben 700 Euro im Monat verdient, obwohl sie Vollzeit gearbeitet haben.« Junge Beschäftigte, so die Gewerkschafterin weiter, »mussten für ihre Ausbildung und ihre Uniform selber zahlen. Die hatten dann durchschnittlich 3500 Euro Schulden bei Ryanair, als sie den Job angefangen haben, und haben Jahre gebraucht, um das abzubezahlen, waren also ans Unternehmen gebunden. Aufgrund dieser Abzüge waren viele Beschäftigte unter dem Mindestlohn.«

Doch es gehe den Beschäftigten auch um die Arbeitsbedingungen, ganz ähnlich wie den Amazon-Mitarbeiter*innen oder den Fahrradkurier*innen: »Es gibt viele Anhörungen, viel Kontrolle, viele Disziplinarmaßnahmen und Abmahnungen. Die Ryanair-Beschäftigten haben die Apps für alle möglichen Bereiche der Personalverwaltung direkt auf ihren eigenen Smartphones, sind darüber permanent erreichbar. Das geht so weit, dass diejenigen, die sich krankmelden, den Grund offenlegen müssen.« Die Streiks haben sich für die Beschäftigten gelohnt: Es gibt jetzt ein gesichertes Grundeinkommen, außerdem muss Ryanair in Deutschland das deutsche Arbeitsrecht anwenden. In anderen europäischen Ländern, zum Beispiel in Italien, existieren ähnliche Tarifabschlüsse. Mit diesem Erfolg sei der Arbeitskampf aber noch lange nicht beendet, erklärt Neumaier: »Die Arbeitsbedingungen bei Ryanair entsprechen noch lange nicht dem Branchenstandard. Der Lohn ist immer noch zu niedrig, viele Beschäftigte kommen kaum über die Runden. Ryanair wendet das deutsche Arbeitsrecht oft nicht an. Wir sind viel damit beschäftigt, die Verträge zu prüfen.« Und noch eine weitere Forderung, die Einrichtung eines Betriebsrats, sei noch nicht erfüllt: »Ryanair nutzt eine Gesetzeslücke. Sie sagen, dass sie gar keinen Betrieb in Deutschland haben, weil die Leitung in Dublin sitzt.«

Auch wenn Ryanair an jeder Ecke spart, für eine Sache gibt die Firma dann doch Geld aus: »Sie beschäftigen die Crème de la Crème des Union Bustings«, sagt Neumaier, also der systematischen Bekämpfung, Unterdrückung und Sabotage von gewerkschaftlichen Tätigkeiten. Bei Ryanair etwa gebe es Strafmaßnahmen für gewerkschaftlich Aktive: »Beschäftigte mit Familien werden manchmal innerhalb weniger Tage in ein anderes europäisches Land versetzt. Das macht den anderen natürlich Angst.«

Gerade im Tourismussektor zeigt sich also, dass ein Boom nicht zwangsläufig die Arbeitsbedingungen der Arbeiter*innen verbessert, zumal starke Gewerkschaften mit entsprechenden betrieblichen Verankerungen fehlen, die diese Bedingungen durchsetzen können. Während die boomenden Industrien in Westeuropa von 1945 bis 1970 die Lebens- und

Lohnsituationen der meisten Arbeiter*innen, wenn auch mit Schwankungen, insgesamt verbessern konnten, ist das Gros der Arbeiter*innenklasse heute in Branchen tätig, deren Unternehmen – wie Ryanair – Vorreiterrollen dabei einnehmen, »Beschäftigungsbedingungen zu prekarisieren und gewerkschaftliche Rechte des Personals zu unterlaufen.«[2] Das sei auch möglich, weil die Belegschaften zersplittert seien, argumentieren die Autoren der Broschüre *Organizing Ryanair*: »Das Kabinenpersonal besteht bis heute mehrheitlich aus jungen Menschen aus verschiedenen europäischen Ländern, für die der Job bei Ryanair meist nur einen Lebensabschnitt auf dem Weg woandershin darstellt. Sie arbeiten in der Regel fern von ihren Heimatorten und die wenigsten wollen dort bleiben, wohin das Unternehmen sie versetzt. Als Arbeitsmigrant*innen ist ihnen eine eigenartige transitorische Identität eigen: Sie arbeiten in der Luft, also nicht am Wohnort, und sind aufgrund ihrer unkonventionellen Arbeits- und Lebensbedingungen kaum in die Gesellschaften, in denen sie wohnen und leben, integriert. Viele junge Kabinenbeschäftigte bleiben tendenziell unter sich, pflegen Freundschaften innerhalb der Crew und sprechen in der Regel auch nicht die Sprache, die an den Orten ihrer (vorübergehenden) Stationierung gesprochen wird.«[3] Die Autoren argumentieren weiter, dass diese prekäre, entwurzelte Art des Arbeitens der Kabinenbeschäftigten eine progressive »transnationale Klassenidentität« hervorbringe, die eine klassische Gewerkschaftsarbeit in nationalem Rahmen aber herausfordere: »Das fliegende Personal von Ryanair hat ein explizit transnationales Selbstverständnis, das in auffälligem Kontrast zu den nationalen Strukturen der Gewerkschaften steht.«[4] Diese neue, mehrheitlich junge Arbeiter*innenklasse eint, dass sie »am stärksten unter der europäischen Krise gelitten hat«.

Mit dieser »transnationalen Klassenidentität« könnte vielleicht auch Artur Bogdanow (Name geändert) etwas anfangen. Er ist Ende dreißig und arbeitet im Berliner Booking.com-Büro am Potsdamer Platz. Um 2010 ist er aus Russland nach Berlin gekommen und hatte zunächst Schwierigkeiten, als Nichtmuttersprachler dort einen Job zu finden. Booking.com stellte ihn als Kundenberater ein. Menschen aus mehr als 40 Nationen arbeiten im Berliner Büro, erzählt Bogdanow: »Die Deutschen sind bei uns in der Minderheit.«

Statt wie früher im Katalog sucht man eine Urlaubsunterkunft heute oft über Google – und von dort führt der Weg wiederum in der Regel ohne

Umwege zu Booking.com, dank eines Deals: 2018 zahlte das niederländische Buchungsportal eine Milliarde US-Dollar pro Quartal an das US-Unternehmen. So konnte Booking.com eine der mächtigsten, wenn nicht sogar die weltweit wichtigste Plattform für die Unterkunftssuche werden. Man findet dort nicht nur Zimmer, auch Flüge, Autos, selbst Taxen und Shuttleservices kann man dort buchen. Alles ganz einfach, wird den Kund*innen versprochen. Damit dieser Eindruck auch bestehen bleibt, arbeiten bei der Firma nach eigenen Angaben 17.500 Mitarbeiter*innen in mehr als 200 Büros, verteilt auf 70 Länder, rund um die Uhr.

Wenn es – für den Kunden oder für das Hotel – einmal nicht so reibungslos läuft mit der Buchung, wenn jemand eine Frage hat oder umbuchen möchte, landet er bei Artur Bogdanow oder eine*m seiner Kolleg*innen. Als Bogdanow bei Booking.com zu arbeiten begann, herrschte dort Start-up-Atmosphäre. Damals hatte das Unternehmen nicht mehr als hundert Beschäftigte in Berlin, sagt er. Im Sommer 2018 waren es bereits um die tausend. Anfangs seien die Arbeitsbedingungen gut gewesen, doch mit dem rasanten Wachstum wuchsen auch die Probleme: »Wir konnten uns keine Schichten mehr aussuchen, die für uns passten, Urlaub am Stück wurde nicht mehr genehmigt. Viele von uns kommen nicht aus Deutschland, wir können unsere Familien aber nur besuchen, wenn wir zwei Wochen am Stück frei bekommen.« Gleichzeitig nahmen Arbeitsbelastung und Druck zu. Einfache Anfragen wie etwa Zimmerumbuchungen sind nun längst an ein anderes Unternehmen ausgelagert. Bei den Booking-Beschäftigten landen die komplizierten Fälle, Anfragen, die Zeit benötigen. Durchschnittlich bearbeitet jede*r Mitarbeiter*in 60 bis 70 Fälle täglich, erzählt Bogdanow: »Der Zeitdruck ist groß. Dann vergessen wir vorgeschriebene Arbeitsschritte, wie zum Beispiel aus Datenschutzgründen die Kunden nochmals zurückzurufen, um zu kontrollieren, ob wirklich alle angegebenen Daten stimmen. Oder wir vertippen uns.«

Das hat Konsequenzen: »Beim ersten Fehler gibt es eine rote Fahne, beim zweiten eine Ermahnung, beim dritten schon eine Abmahnung.« Was wiederum weitreichendere Folgen hat: »Mittlerweile sind wir alle ständig gestresst, haben Angst, trotzdem nimmt der Druck immer mehr zu.« Die Beschäftigten im Berliner Booking-Büro fühlten sich zunehmend überlastet, die Krankmeldungen stiegen. Artur Bogdanow und seine Kolleg*innen wollten etwas ändern, trafen sich in Cafés, entschieden sich, mit der Gewerkschaft Verdi zu sprechen, und gründeten im April 2015 einen Betriebsrat. Sie hatten Erfolg: Seitdem können die Beschäftigten sowohl Urlaube als auch Schichten wieder besser planen.

Als Nächstes wollten sie einen Tarifvertrag erkämpfen, doch dazu kam es nicht mehr: Im November 2018 gab die Booking.com-Geschäftsleitung bekannt, dass fast die Hälfte der Stellen in Berlin gestrichen würden. Mittlerweile arbeiten dort noch etwa 500 Beschäftigte. Trotzdem verlassen einige von ihnen das Unternehmen, erzählt Artur Bogdanow: »Weil der Druck so hoch ist, geben viele auf. Die Geschäftsführung macht permanent Stimmung gegen uns.« Booking.com selbst widerspricht den Vorwürfen in einem schmallippigen Statement: »Wir überprüfen kontinuierlich unsere eigene Organisationsstruktur, da wir immer bestrebt sind, unsere lokalen Unterkunftspartner zu unterstützen und mehr Reisenden zu ermöglichen, die Welt zu entdecken und zu erleben.«

Im bisher umsatzstärksten Jahr 2017 lag der Umsatz des Mutterkonzerns Booking Holdings bei fast 13 Milliarden US-Dollar. Doch dann kam Corona. Kaum eine Branche war weltweit so sehr von der Krise betroffen wie der Tourismus. Lag der Umsatz von Booking Holdings im 1. Quartal 2019 noch bei 2,8 Milliarden, so sank er im ersten Quartal des ersten Coronajahrs 2020 auf 2,3 Milliarden, im gleichen Zeitraum 2021 dann nochmals auf 1,1 Milliarden. Eine vollständige Erholung ist zur Zeit nicht in Sicht, auch weil eine weltweites Ende der Pandemie nicht absehbar ist.

Die Coronakrise bekamen auch andere Tourismuskonzerne zu spüren. Anfang 2020 sah die Situation bei der weltweit agierenden Zimmer- und Wohnungsvermietungsplattform Airbnb noch gut aus. Nach zwei profitablen Jahren – die sie von manchem Mitbewerber unterschied – hatte Airbnb sogar einen vorsichtigen Schritt an die Börse geplant und ihn im Dezember 2020 auch noch vollzogen. Das Unternehmen hatte sich neue Märkte erschließen können, individualisierte Stadtführungen zum Beispiel. Im März 2020 war der Umsatz aber bereits um die Hälfte eingebrochen. Wie das *Wall Street Journal* meldete[5], hatte sich Airbnb eine Milliarde US-Dollar von Investoren geliehen, um überhaupt geschäftsfähig zu bleiben. Prompt passierte das, was das Unternehmen und seine Lobbyisten immer geleugnet hatten: Die Unterkünfte tauchten wieder auf dem Wohnungsmarkt auf, bei Mietportalen etwa. Wie viele Wohnungen Airbnb dem Markt entzogen hatte, darüber lässt sich nur spekulieren, denn das Online-Portal gibt keine Zahlen heraus. Dass es viele waren, lässt das Beispiel Dublin erahnen: Nach einer Visualisierung von Mitte März 2020 standen dem Mietmarkt in der irischen Hauptstadt schon da 64 Prozent mehr Wohnungen zur Verfügung als vor dem Einbruch. Gleichzeitig waren auf der Airbnb-Seite fast alle Angebote ungebucht. Die Coronakrise erledigte also – für kurze Zeit –, wofür verschiedene europäische Stadtregierungen schon länger gekämpft hatten.

Airbnb ist ein 2008 von Brian Chesky, Joe Gebbia und Nathan Blecharczyk gegründetes Unternehmen aus dem Silicon Valley, das via Website und App zwischen Nutzern, die mieten, und solchen, die vermieten, vermittelt und dafür Geld von beiden nimmt. Seit 2011 ist Airbnb in Europa und Deutschland aktiv. Hierzulande ist es nicht das einzige Portal, das kurzfristige private Unterkünfte vermittelt. Daneben sind HomeAway, das zu Expedia gehört, und Wimdu, ein deutsches Start-up, am bekanntesten. Airbnb ist aber mit Abstand am marktmächtigsten: 2016 gab es dort weltweit 2,8 Millionen Angebote, bei HomeAway 1,2 Millionen, alle anderen lagen weit dahinter. Der europäische Markt für Airbnb ist heute der wichtigste und der schwierigste. Der wichtigste, weil die Hälfte aller

Vermietungen hier stattfindet, der schwierigste, weil das Unternehmen hier mit den rigorosesten Gesetzgebungen und mit Widerständen von Teilen der Innenstadtbevölkerungen zu kämpfen hat.

Es dauerte nämlich nicht lange, bis die Bewohner*innen der bei Airbnb-Nutzern beliebten Innenstädte die Nachteile des Versprechens zu spüren bekamen. Nur wenige boten auf der Plattform für kurze Zeit ihr eigenes Zimmer an. Die meisten Angebote sind ganze Wohnungen, viele Anbieter haben mehr als eine Immobilie auf der Webseite, wie Studierende der FH Potsdam im Jahr 2016 herausgefunden haben.

In ihrem Daten-Visualisierungs-Projekt *Airbnb vs. Berlin* (www.airbnbvsberlin.de) haben sie die Informationen des Unternehmens, die auf der Website zur Verfügung standen, ausgewertet: 2016 boten geschätzte 1167 Airbnb-Nutzer mehr als ein Inserat an, mithin hatten wohl immerhin zehn Prozent der Berliner Nutzer geschäftliche Interessen.

Die Bewohner*innen der vielfrequentierten Innenstädte bekamen den massenhaften Anstieg des Tourismus durch Airbnb- und Billigflieger-Angebote besonders zu spüren. *Airbnb vs. Berlin* fasst es so zusammen: »Die meisten Wohnungen werden also in den ›szenigen‹ Innenstadtbezirken Kreuzberg-

Friedrichshain, Neukölln und Prenzlauer Berg angeboten«, die für das Berliner Lebensgefühl stünden. »Verhältnismäßig wenig Inserate gibt es außerhalb des Berliner S-Bahn-Rings.« Gleichzeitig stiegen die Mieten auf dem umkämpften Wohnungsmarkt nochmal dort, wo Airbnb am beliebtesten ist, berichtete die Webseite *Citymetric* 2016.

Gegen all diese Probleme versuchen verschiedene Städte mit regulierenden Gesetzen vorzugehen, Berlin zum Beispiel mit dem »Verbot der Zweckentfremdung von Wohnraum«, kurz: »Zweckentfremdungsverbot«. Das Gesetz trat am 29. November 2013 in Kraft und wurde inzwischen noch einmal verschärft. Seit dem 1. Mai 2018 hat Berlin das rigoroseste Gesetz zur Regulierung von »Homesharing«. In den Medien wurde im Vorlauf berichtet, dass Airbnb sich für eine 60-Tage-Frist eingesetzt habe, in der Untervermietungen ohne Anmeldung möglich gewesen wären. Das bestätigt auch Katalin Gennburg, die sich für die Berliner Linkspartei im Abgeordnetenhaus mit Stadtentwicklungsfragen beschäftigt. »Bei der Regelung, die Airbnb sich gewünscht hat, hätten wir eine grundsätzliche Erlaubnis erteilt. Wir wollten es aber grundsätzlich verbieten, den hartumkämpften Wohnraum seinem eigentlichen Zweck zu entfremden.« Gennburg sieht die Argumentation des Unternehmens als Teil seiner Geschäftsstrategie: »Airbnb brechen die Regeln und sagen später: Es machen jetzt alle so, jetzt kann man es auch erlauben. Dabei ist ihnen egal, welche Folgen das für die Städte und die Menschen hat, ihnen ist nur der eigene Profit wichtig und die verdienen sehr gut an der Wohnraumuntervermietung.«

Das neue Gesetz verbietet keine Untervermietungen oder Wohngemeinschaften, versucht aber zahlreiche, kurzfristige Vermietungen zu verhindern: Die ganze Wohnung unterzuvermieten geht nur mit Genehmigung ab dem ersten Tag. Für Zweitwohnungsbesitzer*innen gilt eine Begrenzung der kurzfristigen Untervermietung auf 90 Tage. Mit der Genehmigung wird eine Registrierungsnummer erteilt, die in die Anzeige aufgenommen werden muss. Mieter*innen brauchen für jede Untervermietung eine Genehmigung von ihren Vermieter*innen, die wiederum vom zuständigen Amt abgefragt werden muss. »In Berlin gibt es sehr viel Leerstand und Zweckentfremdung, weil es sich mehr lohnt, die eigene Wohnung mehrfach auf Portalen anzubieten, als ganz normal zu vermieten, und gleichzeitig gibt es eine große Wohnungsnot«, erklärt Gennburg die Verschärfungen.

Auch in anderen europäischen Städten wurden neue Regularien geschaffen: In Paris sind ebenfalls Registrierungen notwendig. In Barcelona werden keine neuen Registrierungen mehr ausgestellt, und ein Team wurde damit beauftragt, illegale Ferienwohnungsvermietungen ausfindig zu machen. In Amsterdam wiederum kamen die 22 Stadtangestellten, die sich um Beschwerden gegen Airbnb kümmern sollten, ob der großen Anzahl nicht hinterher. Auch dort werden jetzt nur noch wenige Genehmigungen erteilt. In Berlin selbst scheitert die Durchsetzung des Gesetzes oftmals am Personalmangel.

Airbnb antwortete mit einer großangelegten Imagekampagne, deren Herzstück gefühlige Videos für die sozialen Netzwerke waren, in denen Nutzer erzählen, warum sie ihre Wohnung vermieten – und dass das eine großartige Erfahrung sei. Offensichtlich fällt es dem Silicon-Valley-Unternehmen mittlerweile nicht mehr ganz so leicht wie früher, als einer von den Guten wahrgenommen zu werden. Gleichzeitig kämpft es auf europäischer Ebene weiter und investiert in Lobbyausgaben, um die lokalen Gesetze unterwandern zu können.

Bereits während das Gesetz in der Fertigstellung war, wurde Gennburg von ihrer Verwaltung informiert, dass auf EU-Ebene schon an einer Liberalisierung gearbeitet werde: »Da ist mir klar geworden, wie sehr Airbnb [...] bereits Lobbypolitik betreibt.« Im Mai 2018 hat die Initiative CEO – *Corporate Europe Observatory* einen ausführlichen Bericht über diese bisher fast unsichtbare Lobbyarbeit vorgelegt. Die Initiative will »ungleiche Einflussnahmemöglichkeiten von Unternehmen und Lobbyisten auf EU-Ebene offenlegen und in Frage stellen«. Laut dem 27-seitigen Bericht *Unfairbnb* ist Airbnb bereits seit 2015 auf EU-Ebene aktiv. Dabei decken sich dessen wirtschaftliche Interessen mit den Grundsätzen des europäischen Binnenmarkts, allen voran einer Regelung namens »Dienstleistungsfreiheit in der EU«. Sie erlaubt einem Unternehmen, das in einem Mitgliedsland tätig ist, die gleichen Dienstleistungen (vorübergehend) auch in einem anderen Mitgliedsland anzubieten. Außerdem beruft sich Airbnb auf zwei EU-Richtlinien: Eine regelt Internetgeschäfte und verhindert, dass das Unternehmen Daten offenlegen müsse – wie viele andere aus dem Silicon Valley ist es bekannt dafür, kaum Informationen preiszugeben –, die andere regelt Vermietungen und soll verhindern, dass Regularien, die von Kommunen beschlossen wurden, tatsächlich greifen.

Wie hart die Kämpfe im Tourismussektor sind, davon kann die ehemalige Belegschaft des *Wombat's*

Hostels in Berlin-Mitte ein Lied singen. Für kurze Zeit war es Deutschlands einziges Hostel mit Betriebsrat, bevor die Unternehmenschefs zum Gegenschlag ausholten. Sein Standort steht für den Hauptstadt-Mythos, mit dem Berlin in seinen Werbekampagnen Tourist*innen aus aller Welt anlocken will: »Berlin ist 365/24: an allen 365 Tagen im Jahr spannend und mit einem Rund-um-die-Uhr-Programm«. Hinter dem niedlichen Namen versteckt sich eine weltweite Hostelkette mit Sitz in Österreich. Europaweit gibt es fünf *Wombat's Hostels*: neben Berlin noch in den Stadttourismus-Hotspots Venedig, Budapest, London, München und Wien.

Der Geschäftsführung sei der geplante Betriebsrat von Anfang ein Dorn im Auge gewesen, sagen Ruth Koch und Raphael Krüger (Namen geändert): »Sie haben damit gedroht, dass sie das Arbeitsumfeld zum Schlechteren verändern würden, wenn ein Betriebsrat gewählt werden würde.« Gedroht hätten sie etwa mit dem Verbot des Gratisfrühstücks am Morgen. Das Reinigungsteam sei daraufhin zurückgerudert. »Die meisten aus dem Team waren auf den Job angewiesen, viele waren über 50 Jahre alt, kamen nicht aus Deutschland, hatten Angst, nie wieder was zu finden.« Koch und Krüger berichten aber auch von den ersten Erfolgen des Betriebsrats:

Für die Acht-Stunden-Schichten seien Pausen eingeführt und ein Pausenraum erkämpft worden, die Beschäftigten durften in ihrer Freizeit nicht mehr angerufen, Überstunden nicht mehr angeordnet werden, man habe ein verbindliches Wunschbuch für den Schichtplan eingeführt und dafür gesorgt, dass Gesundheitsstandards eingehalten würden. Das kam beim Rest der damals 50-köpfigen Belegschaft gut an. Mitte 2017 waren mehr als die Hälfte von ihnen bei der Gewerkschaft NGG (»Nahrung-Genuss-Gaststätten«) organisiert.

Gemeinsam wollten sie einen Schritt weiter gehen und forderten außerdem einen Tarifvertrag. Die Geschäftsleitung sperrte sich: »Sie haben behauptet, dass sie keinen Gewinn machen würden, und in einem offenen Brief geschrieben, dass sie sich den Tariflohn nicht leisten könnten.« Im September 2017 streikte ein großer Teil der *Wombat's*-Belegschaft zum ersten Mal, zunächst für zwei Stunden. Der Kollegin, die mit Koch an diesem Tag an der Rezeption gearbeitet hatte, wurde fristlos gekündigt. »Sie hat sich zwar wieder reinklagen können, aber daraufhin ruderten andere Beschäftigte zurück, weil sie Angst bekamen. Mich konnten sie ja nicht kündigen, weil ich Betriebsrätin bin und damit Kündigungsschutz habe.«

Dabei sei es nicht geblieben, sagt Raphael Krüger: »Die Geschäftsleitung hat an die Reinigungskräfte Abmahnungen ausgeteilt, die am Streik teilgenommen haben. Später wurden sie entlassen und neue Reinigungskräfte über eine Fremdfirma neu eingestellt.« Der Arbeitskampf bei *Wombat's* ist noch nicht beendet: Neun Warnstreiks hat es seitdem gegeben, immer stundenweise, mal mit viel Öffentlichkeit, manchmal aber auch einfach nur, wenn sich große Reisegruppen angekündigt hatten – und dann nicht eingecheckt wurden. Im Gegenzug stellte die Geschäftsführung nur noch mit befristeten Verträgen ein, Probezeiten werden auf ein halbes Jahr verlängert, Leiharbeitnehmer*innen eingesetzt. »Unser Organisationsgrad sollte gedrückt werden, um die Tarifvereinbarung wieder kündigen zu können«, sagt Koch. Zudem seien Streikbrecher*innen aus anderen Städten geholt worden. »Einer von denen, die aus München eingeflogen wurden, ist jetzt unsere aktuelle Hausleitung. Wir waren denen einfach ein Dorn im Auge.« Im Herbst 2019 hat der Betreiber das Hostel schließlich geschlossen. Ruth Koch und Raphael Krüger hätten den Betrieb gerne als Genossenschaft weitergeführt. »Wir würden das Hostel gerne als Belegschaft kollektiv übernehmen und ein Schulungshotel für Arbeitskämpfende draus machen.

Es würde zum Beispiel Schulungen geben, wie man mit Union Busting umgeht.« Das Gebäude steht im Herbst 2021 immer noch leer – während viele in Berlin nicht mal eine Wohnung haben.

Die Tourismusindustrie treibt die Mieten in die Höhe und ist ein Beschleuniger prekärer Arbeitsbedingungen. Außerdem ist sie für viele Umweltschäden verantwortlich. Was ist also die Lösung? Gar nicht mehr reisen? Neoliberale Diskurse wie der um die »Flugscham« legen das nahe und individualisieren das Problem. Die (fast ausschließlich weiblichen) spanischen Reinigungskräfte von *Las Kellys* haben einen konstruktiveren Vorschlag. Etwa 4500 Reinigungskräfte haben sich in der basisgewerkschaftlichen Vereinigung zusammengeschlossen. Im ebenfalls boomenden spanischen Tourismussektor verschlechtern sich seit vielen Jahren die Arbeitsbedingungen der Hotelbelegschaften, von denen das Reinigungspersonal den größten Teil ausmacht. Während der Eurokrise setzte der damalige Ministerpräsident Mariano Rajoy 2012 eine Arbeitsmarktreform mit weitreichenden Folgen durch: Danach war es den Hotels möglich, ihre Reinigungskräfte zu entlassen und über Subunternehmen – zu schlechteren Konditionen – wieder einzustellen. Teilweise halbierten sich die Löhne, gleichzeitig

Las Kellys-Protest vor dem Europäischen Parlament, November 2019

verschlechterten sich die Arbeitsbedingungen: Befristete Verträge, Teilzeitanstellungen, unbezahlte Überstunden, kurzfristige Einsätze, Kündigungen bei Krankheit oder Schwangerschaft sind seitdem an der Tagesordnung. Einige Reinigungskräfte tauschen sich damals in einer Facebookgruppe aus. Aus dem Austausch wurden Proteste, aus Protesten *Las Kellys*. Nicht nur die Arbeitgeber waren davon wenig begeistert, auch die etablierten Gewerkschaften fühlten sich übergangen, standen den Alleingängen

der Reinigungskräfte skeptisch bis feindselig gegenüber und hielten ihre Forderungen für teilweise un-
realistisch. Aber *Las Kellys* sind aus den spanischen
Arbeitskämpfen nicht mehr wegzudenken. Sie machen kontinuierlich auf die Arbeitsbedingungen aufmerksam, sind seit 2016 eine offiziell eingetragene
Vereinigung, sie haben vor dem Kongress, im Senat,
vor der Europäischen Union gesprochen, es gibt einen Dokumentarfilm über sie – und jetzt gründen
sie auch noch eine eigene Buchungsplattform. Bei
ihnen können Kund*innen nur Hotels buchen, die
die Mindeststandards bei Arbeitsschutz, Lohn und
Tarifverträgen einhalten. Auch Häuser, die Sub-
unternehmer beschäftigen, sollen ausgeschlossen
werden. Die potenziellen Kund*innen scheint die
Idee begeistert zu haben: Im Juli 2021 haben *Las
Kellys* ein Crowdfunding gestartet, mit dem sie das
Startkapital einnehmen wollen.[6] Im Oktober 2021
waren bereits über 90.000 Euro in Spenden zusam-
mengekommen, das Ziel von 60.000 Euro wurde
somit weit übertroffen. Mit ihrer Buchungsplattform schlagen *Las Kellys* eine wichtige Brücke zwischen ihren Arbeitskämpfen und den solidarischen
Kund*innen. Denn die gibt es, das haben auch die
streikenden Ryanair-Flugbegleiter*innen erfahren,
berichtet Mira Neumaier: »Ich finde es sinnlos, eine

moralische Debatte übers Reisen zu führen, die die Entscheidung auf den Einzelnen abwälzt. Dagegen kommen wir nur alle gemeinsam an. Die Solidarität der Ryanair-Reisenden war schon mal groß.« Wäre doch schön, wenn das nur ein Anfang wäre.

Anmerkungen

1   Bundesministerium für Wirtschaft und Energie (Hg.): Wirtschaftsfaktor Tourismus in Deutschland. Kennzahlen einer umsatzstarken Querschnittsbranche. Ergebnisbericht. Berlin 2015, www.bmwi.de [26.11.2021].
2   Boewe, Jörn / Butollo, Florian / Schulten, Johannes (2020): Organizing Ryanair. Die transnationale Gewerkschaftskampagne bei Europas Billigfluglinie Nummer Eins. Berlin: Rosa-Luxemburg-Stiftung (Hg.), S. 25.
3   Ebd.
4   Ebd.
5   Wollman, Elizabeth (2020): Airbnb Gets $1 Billion Loan, Bringing Coronavirus Funding to $2 Billion. In: Wall Street Journal, 15.4.2020, www.wsj.com [26.11.2021].
6   Sindicato Las Kellys Cataluña: I book my hotel room with Las Kellys, https://en.goteo.org/project/las-kellys [25.1.2022].

Teile dieses Kapitels sind am 9.7.2019 in der *tageszeitung* (»Der Flugbegleiter als Störfaktor«) und am 14.6.2018 in der Wochenzeitung *Der Freitag* (»Gut war gestern«) erschienen.

Nicht nur ein zahnloser Tiger

Neue Betriebsräte und Union Busting in Tech-Unternehmen

Nicht nur bei Booking.com und Gorillas werden Betriebsräte gegründet, auch andere Tech-Arbeiter*innen kommen auf den Gedanken. Zum Beispiel Torsten Brenner und Martina Maschewski (Namen geändert), die bei einem in den 1990er Jahren in Berlin gegründeten, mittelständischen Software-Hersteller arbeiten (der nicht genannt werden soll). Hip ist es dort, die Büros befinden sich auf mehreren Fabriketagen in Kreuzberg, in direkter Nähe zu vielen Technoclubs, die auch ein beträchtlicher Teil des Personals der Softwarefirma frequentiert. Lange geht es familiär zu, viele sind befreundet, die Firma wächst und wächst, erzählt Brenner. 600 Beschäftigte hat das Unternehmen an seinem Höhepunkt in mehreren Städten weltweit. Leute, die Musik machen, sich von Gig zu Gig hangeln, finden hier scheinbar sichere Festanstellungen. Bis der Boom plötzlich vorbei ist. Die Geschäftsleitung hat sich mit einem neuen Produkt verspekuliert. 2018 werden etwa 30 von Maschewskis und Brenners Kolleg*innen in den USA entlassen. Zum ersten Mal kommt die Idee auf, einen Betriebsrat zu gründen: »Damals haben wir uns mit einer kleinen Gruppe getroffen, um zu erwägen, was wir dagegen machen könnten, falls es uns als Nächstes trifft. Wir haben auch schon über Betriebsräte gesprochen, aber keiner von uns wusste genau, was ein Betriebsrat macht und wie man einen gründet.« 2019 ist es dann auch in Berlin so weit. Innerhalb eines Jahres haben Brenner und Maschewski etwa 130 Kolleg*innen verloren.

Ihre Idee wird konkreter, allerdings ist die Gruppe kleiner geworden, drei der Beteiligten wurde gekündigt. »Wir haben die ganze Zeit sehr auf Geheimhaltung geachtet. Man hört immer mal, dass Unternehmen nicht so gut darauf reagieren. Wir wollten uns erst aus der Deckung wagen, wenn die Substanz steht.« Wie man einen Betriebsrat gründet, wissen sie immer noch nicht. »Wir haben dann Gewerkschaften angesprochen, weil wir Unterstützung gebraucht haben.« Am Ende fällt ihre Wahl auf die IG Metall, die bei den Beratungsgesprächen die wenigsten Forderungen stellt: »Die haben uns auch beraten, ohne dass wir Mitglieder waren. Das war bei Verdi anders. Eine weitere, die wir uns angeschaut haben, war uns zu klein, da war keine Power da, um uns im Falle eines Konflikts zu unterstützen, und wiederum eine andere hatte einen konfessionellen Hintergrund. Wir fühlen uns gut aufgehoben. Die haben uns gut durch den Gründungsprozess begleitet.« Die erste Hürde ist es, genügend Kolleg*innen zu finden, die sich bereit erklären zu kandidieren: »Bei unserer Betriebsgröße braucht es ein neunköpfiges Gremium, und wir benötigten mindestens doppelt so viele Leute auf unserer Kandidierendenliste, um genügend Nachrücker zu haben, falls Kolleg*innen wieder aufhören.« Zu dem Zeitpunkt stößt auch Martina Maschewski dazu. »Als wir so viele Kolleg*innen zusammenhatten, wie wir brauchten, haben wir den initialen Aushang gemacht, also die Einladung zur Wahlversammlung. Das ist der Punkt, an dem das Ganze an die Öffentlichkeit gebracht wird.«

Torsten Brenner, Martina Maschewski und die anderen Initiator*innen suchen das Gespräch mit der Geschäftsführung. Maschewski nennt deren Reaktion entspannt: »Natürlich jubelt kein Chef, weil es bald einen Betriebsrat gibt, aber sie haben uns auch keine Steine in den Weg gelegt.« Das Interesse bei den Kolleg*innen hingegen ist groß und die Wahlversammlung entsprechend voll, von den

300 verbliebenen Angestellten nehmen etwa 200 daran teil. »Wir haben viel Unterstützung bekommen. Da herrschte eine gute Atmosphäre, unsere Kolleg*innen haben uns applaudiert«, berichtet Maschewski, und Brenner ergänzt: »Ich erkläre mir das aber auch mit der Situation im Betrieb und der Erfahrung der Massenentlassung. Die meisten hatten einfach Angst, dass sie die nächsten sind, die gehen müssen und auf der Straße sitzen. Da waren Gewerkschaften auf einmal attraktiv.«

Gerade in den bisher unregulierten Branchen steigt die Nachfrage nach Betriebsräten, berichten Gewerkschaftssekretäre. Der Verdi-Sekretär Oliver Hauser erzählt, »dass das Bewusstsein für Mitbestimmung in vielen Betrieben wächst«. Ein Problem sei aber, dass viele erst die Gewerkschaft kontaktieren, wenn es schon zu spät ist, also die Kündigungen schon ausgesprochen wurden.[1] Die Arbeitsbedingungen in den Start-ups sind auch bei Weitem nicht so rosig, wie die Klischees von Kickertischen, flachen Hierarchien und kostenlosem Obstbuffet vermuten lassen. 10 Prozent der Angestellten arbeiteten 2017 mehr als der bundesdeutsche Durchschnitt, Frauen verdienen 11 Prozent weniger als ihre männlichen Kollegen, Start-up-Beschäftigte sind um 65 Prozent häufiger von Diskriminierung betroffen als der europäische Durchschnitt, und sie verdienen 7 Prozent weniger als der bundesdeutsche Durchschnitt. Tarifverträge sind Mangelware.[2]

Um Tech-Arbeiter*innen zu unterstützen, hat der in Berlin lebende Programmierer Yonatan Miller, ein gebürtiger New Yorker, einen deutschen Ableger der Tech Workers Coalition gegründet: »Ich habe die ganze Zeit gewartet, dass irgendjemand auf die Idee kommt, so eine Gruppe auch in Deutschland zu organisieren, und dann habe ich es eben selbst gemacht.« Mittlerweile gibt es zwei Gruppen, eine in Berlin und eine in München. Miller und seine Mitstreiter*innen helfen Tech-Arbeiter*innen dabei, sich zu vernetzen, zu politisieren und im Dickicht des deutschen Arbeitsrechts zurechtzufinden. Letzteres ist auch für Miller nicht immer leicht: »Ich habe eine Präsentation gemacht, mit der ich andere Tech-Arbeiter*innen über ihre Rechte informiert habe, aber die Betriebsräte waren dort mit einem Fragezeichen markiert. Ich konnte dazu nichts finden. Egal wie oft ich online recherchiert habe, mir wurde einfach nicht klar, wie das funktioniert.«

Mittlerweile weiß er mehr: »Wenn ich den nicht-deutschen Tech-Arbeiter*innen sage, dass es reicht, fünf Festangestellte in einem Unternehmen zu haben, um einen Betriebsrat zu gründen, sind

Tech Workers auf der Labortech-Konferenz in San Francisco, Juli 2017

sie meistens baff. Die, die schon mal was davon gehört haben, glauben, dass man Hunderte Angestellte als Voraussetzung braucht.« Die Definition, wer ein*e Arbeiter*in ist, ist hier ähnlich weit gefasst wie bei den Google-Arbeiter*innen im Silicon Valley: »Vom Call-Center-Mitarbeiter*in bis zu Programmierer*innen kommen alle zu uns, die sich selbst als Tech-Arbeiter*in sehen. Das ist ein weites Feld. Oft bilden aber die Call-Center-Arbeiter*innen die Vorhut bei der Organisierung, weil ihre Arbeitsbedingungen am schlechtesten sind. Sie bekommen den meisten Druck und am wenigsten Lohn.« An der ersten Informationsveranstaltung über Works Councils (Betriebsräte) im Herbst 2019, die Yonatan und seine Mitstreiter*innen abhalten, nehmen über 40 Interessierte teil. Ungefähr alle zwei Monate findet seitdem das »Works Council Training for Beginners«, das Betriebsratsgründungstraining für Anfänger statt. An einem dieser Workshops nehmen Beschäftigte der Direktbank N26 teil – ein sogenanntes Fintech-Unternehmen, das eine Online-Banking-App anbietet, zu dem Zeitpunkt eines der zehn höchstbewerteten Start-ups in Berlin. Die dort Angestellten haben von diesem Erfolg wenig, viele von ihnen sind sehr unzufrieden mit ihren Arbeitsbedingungen. Nachdem sie bei der Tech Workers Coalition in Berlin von der Gewerkschaft Verdi gehört haben, machen sich ein paar von ihnen auf den Weg dorthin. Die meisten, die für die beiden Gesellschaften arbeiten, in die sich die N26 GmbH gliedert, sind als Kundenberater*innen oder Programmierer*innen beschäftigt. Die wenigsten sprechen Deutsch, berichtet Ian Brown, der zu den Betriebsratsinitiatoren gehört. Er vermutet, dass das zum Konzept der Geschäftsführung gehört: »Wir haben alle keine Ahnung, was das deutsche Arbeitsrecht angeht. Also können sie mit uns machen, was sie wollen.« Der Druck auf die N26-Beschäftigten ist groß. Das Unternehmen versucht zu halten, was es den Kund*innen in bunten Werbeanzeigen verspricht, aber statt mehr Personal einzustellen, sollen die, die im Callcenter beschäftigt sind, einfach mehr und länger arbeiten. »Wenn sich jemand beschwert hat, war oft am nächsten Tag sein Platz leer«, so Brown. »Wir haben geahnt, dass so was in Deutschland nicht geht.« Aus Gesprächen untereinander erfahren die Kolleg*innen, dass es keine Lohngerechtigkeit unter ihnen gibt: »Manche verdienten viel, andere wenig. Das war alles sehr ungerecht. Wir hatten das Gefühl, wir lassen uns über den Tisch ziehen.« Bei Verdi rät man ihnen, einen Betriebsrat zu gründen – was dann folgt, ist klassisches Union Busting. Ian Brown berichtet von einer einstweiligen Verfügung, die die erste Betriebsversammlung verhindert, von Jammermails der Chefs an ihre Kolleg*innen, Gewerkschaften passten nicht zur Unternehmenskultur, einem Polizeieinsatz, der ein Treffen verhindern soll, und absurden Gegenvorschlägen aus dem neoliberalen New-Work-Bereich: Sie sollen lieber agile Tools zur Unternehmensverbesserung nutzen, als einen Betriebsrat zu gründen. Brown und seine Kolleg*innen geben nicht klein bei, geben Presseinterviews, holen sich zusätzlich Hilfe bei der IG Metall und schreiben einen offenen Brief: »Das Vertrauen und die Zuversicht in das Management von N26, dass es das Wohlergehen der gesamten Belegschaft gewährleistet, ist auf einem historischen Tiefstand.« Und sie gewinnen: Im November 2020 wählen beide Gesellschaften der N26 GmbH jeweils einen Betriebsrat.

Über hundert Jahre nach Verabschiedung des ersten Betriebsrätegesetzes am 13. Januar 1920 ist, das zeigen in diesem Buch die Beispiele von Gorillas, Booking, Wombats und N26, diese Organisationsform auch heute nicht totzukriegen. »Für mich war es ein Aha-Moment, festzustellen, dass es Betriebsräte nur in Deutschland, Österreich und in den Niederlanden gibt. Sie sind ein Ergebnis der Novemberrevolution in Deutschland 1918 und auch in Opposition zu den Gewerkschaften entstanden, die zusammen mit der Mehrheits-SPD auf Kriegskurs waren und dann auch in den Betrieben Arbeiter*innen angeschwärzt und verpfiffen haben. Sodass sich die Matrosen, die Bergarbeiter*innen und die Chemiearbeiter*innen aus Leuna klandestin und abseits der Gewerkschaften organisieren mussten und dem Rätegedanken nahe standen«, sagt der Sozialforscher und Publizist Elmar Wigand,

Pressesprecher des in Köln beheimateten Vereins »Aktion gegen Arbeitsunrecht«, der die Gründung von Betriebsräten unterstützt. Der Hauptgrund dafür sei auch heute noch »der Kündigungsschutz für die Betriebsratsmitglieder. Man kann nicht gegen Chefs und für die Rechte der Kolleg*innen kämpfen, wenn einem jederzeit gekündigt werden kann.« Es gebe aber noch weitere Gründe: »Der aktive Betriebsrat verhindert Auslagerungen und forciert Eingliederungen. Er dämmt Überstunden ein. Fordert Arbeitsschutz ein. Tarifliche Vereinbarungen werden oft nicht eingehalten, wenn es keinen Betriebsrat gibt.« Gerade bei Tech-Unternehmen und in anderen prekären Branchen sei es wichtig, dass es einen Betriebsrat gibt: »Sonst herrschen da Wildwestmethoden. Auch tarifliche

Vereinbarungen werden nicht eingehalten, wenn da keine Instanz ist, die das kontrolliert und Standing hat.« Niemand weiß genau, wie viele Betriebsräte es in Deutschland gibt. Der DGB vermutet, in neun Prozent aller Unternehmen, die mehr als fünf feste Mitarbeiter*innen haben, Tendenz sogar noch sinkend. Vor allem in Ostdeutschland gebe es wenig und in den neuen Bereichen wie der Tech- oder der Logistikbranche fast gar keine, auch wenn hier wie dort die Gründungen langsam zunähmen.

Hartnäckig hält sich – gerade in der Linken – das Vorurteil, ein Betriebsrat sei ein zahnloser Tiger. Er würde Arbeitskämpfe eher befrieden, Streiks verhindern, zwischen Arbeiter*innen und Chefs vermitteln. Das hört auch Wigand oft: »Zunächst mal ist der Betriebsrat natürlich eine defensive Struktur, aber das kann in der heutigen Zeit ja schon viel ausmachen, zum Beispiel, wenn Unternehmen verkauft werden und ein neues Management reinkommt und die Belegschaft feuern will.« Er könne sich auch vorstellen, woher diese Vorstellung kommt: »Es gab reale negative Erfahrungen mit ›Betriebsratsfürsten‹. Ab den 1970ern hatte die SPD eine sehr dominante Rolle in den Betriebsräten und aktiv radikale Arbeiter*innen aus diesen rausgedrängt oder isoliert.« Doch gerade an der Gegenwehr der

Unternehmen, am Union Busting, merke man, dass der Betriebsrat so egal nicht sein kann: »Die Unternehmen würden die Betriebsräte nicht so hart bekämpfen, wenn sie unwichtig wären.« Mit seinem Verein berät Wigand Betriebsräte (in Gründung), die solchen Maßnahmen ausgesetzt sind: »Da gibt es mittlerweile eine neue Qualität. Union Busting wird jetzt ausgelagert. Das entspricht der neoliberalen Denke und wird den Unternehmen von Beratungen wie McKinsey auch empfohlen. Früher wurde das noch *in-house* geregelt. Mittlerweile wird es in Beratungsagenturen und Kanzleien ausgelagert, die bringen die ganzen Methoden mit, die es in den USA schon viel länger gibt. Das ist ein großer Markt mit sehr viel Nachfrage. Wenn es keinen Betriebsrat und kein Tarifvertrag gibt, ist ein Unternehmen gleich ein paar Millionen mehr wert. Diese Kanzleien beraten Unternehmen, wie sie mit ›Störenfrieden‹ wie Betriebsräten umgehen können. Meist kommt die Zermürbungstaktik zum Einsatz.«

Wigand und sein Verein kritisieren, dass Betriebsräte bis heute – trotz der rechtlichen Verankerung und des Kündigungsschutzes – relativ ungeschützt dastehen. Da hat auch die Reform des Betriebsverfassungsgesetzes im Frühjahr 2021 nicht viel geholfen: »Betriebsratsgründer*innen werden minimal stärker geschützt. Statt drei haben jetzt sechs Kündigungsschutz, und sie müssen auch ihren Namen nicht mehr veröffentlichen«, kritisiert Wigand. »Das ist viel zu wenig, und da haben wir auch stark gegen protestiert und zum Beispiel Unterschriften bei Betriebsräten gesammelt.« Für ihn müsste die Verhinderung von Gewerkschaftsarbeit tatsächlich strafrechtlich relevant verfolgt werden: »Ansetzen müsste man am Strafmaß. Zur Zeit wird das Verhindern von Betriebsratsarbeit als Bagatelle behandelt. Das steht strafrechtlich auf der gleichen Stufe wie Beleidigung. Da muss bei den Staatsanwaltschaften Kompetenz aufgebaut werden, und das geht Hand in Hand: Weil das Strafmaß so niedrig ist, wird das in der Regel gar nicht bearbeitet. Da werden höchstens schon mal 20.000 Euro verhängt. Und das auch nur sehr selten. Das ist ein Bruchteil von dem, was die Unternehmen für ihre Anwälte und Berater ausgeben.« Der Koalitionsvertrag der Ampel-Regierung im November 2021 macht Wigand etwas Hoffnung. Dort steht: »Die Behinderung der demokratischen Mitbestimmung stufen wir künftig als Offizialdelikt ein.« In einer Pressemitteilung seines Vereins heißt es dazu: »Offizialdelikte müssen von Amts wegen (also selbsttätig) verfolgt werden, sobald Staatsanwaltschaft oder

Polizei Kenntnis erlangen. Sie können also auch von Bürger*innen, Presse oder Initiativen wie der ›Aktion gegen Arbeitsunrecht‹ zur Anzeige gebracht werden.« Sie hoffen auf »konsequente Abschreckung«. Und bei allen Defiziten, die ein Betriebsrat auch haben mag, gibt Wigand zu bedenken: »Man darf dabei natürlich nicht aus den Augen verlieren, dass diejenigen, die einen Betriebsrat gründen können, heute fast schon in einer privilegierten Position sind, weil das bedeutet, dass die Arbeiter*innen in relativ gesicherten Arbeitsverhältnissen sind. Im Gegensatz zu den Branchen, in denen es fast nur noch Leiharbeit gibt.«

Anmerkungen

1   Gewerkschaften und Startup: Pionierarbeit in der Tech-Szene. Deutscher Gewerkschaftsbund (Website), 28.2.2020, www.dgb.de [29.12.2021].
2   European Startup Report 2017, https://cosmic-s3.imgix.net [29.12.2021].

Die Interviews mit Torsten Brenner, Martina Maschewski und Yonatan Miller wurden im Winter 2019/2020 geführt. Das Interview mit Elmar Wigand fand im November 2021 statt. Teile dieses Kapitels über die Betriebsratsgründungen bei N26 sind am 3.12.2020 in der Wochenzeitung *Der Freitag* (»Die Chefs sind gescheitert«) erschienen.

Wie Deliveroo, nur in sozial
Zur Wiederbelebung der Arbeiterkooperativen

Etwa vier Jahre nach seinem offiziellen Start in Deutschland verkündete Deliveroo im August 2019, die deutsche Filiale des Unternehmens zu schließen. Das kam für die Deliveroo-Fahrer*innen völlig überraschend. Der britische Lieferdienst gab aber nicht auf, weil die kämpfenden Fahrer*innen ihn vertrieben hätten, sondern weil er den Kampf um die Monopolstellung auf dem deutschen Markt verloren hatte. Sieger war Lieferando: Der Konzern hatte dafür gezielt seine Konkurrenz aufgekauft und die Kurierdienste Lieferheld, pizza.de und Foodora geschluckt.

Einige Berliner Deliveroo-Fahrer*innen entschlossen sich, trotzdem weiterzumachen, aber nicht als privatwirtschaftliches Plattform-Unternehmen – mit Börsengang als Ziel und Investoren als Zielgruppe –, sondern als Kooperative, bei der alle Fahrer*innen gleichberechtigte Anteilseigner*innen sind. Sie gründeten Kolyma2.

Maßgeblich vorangetrieben wurde die Idee der Plattform-Genossenschaft (oder Englisch Platform Coop) in den vergangenen Jahren von Trebor Scholz und Nathan Schneider von der New School in New York City, die aus der Analyse der gesellschaftlichen Gefahren der Plattformen konkrete und umsetzbare Alternativen entwickeln wollten, bei der die Arbeiter*innen ihr Tech-Unternehmen selbst besitzen und demokratisch verwalten, statt Profite für wenige Eigner zu erwirtschaften. Die Grundidee dessen ist nicht neu, berichtete mir Scholz schon 2016: »Plattform-Genossenschaften sind Arbeiter-Kooperativen. Den Arbeitern selbst gehört ihre Firma. Ich möchte die 170 Jahre alte Idee der kooperativen Organisation aber ins 21. Jahrhundert bringen. Es geht darum, sie mit dem technologiebasierten Arbeitsmarkt, wie Uber oder Airbnb ihn etabliert haben, zu verknüpfen – ohne deren unfaire Businessmodelle zu verwenden.« Für ihn ist die Eigentumsfrage zentral, denn alle Arbeitskämpfe stoßen an Grenzen: »Die Arbeiter*innen bleiben stets in der Bittsteller-Position, wenn ihnen die Firma nicht gehört. Immerzu müssen sie ihren Chef fragen, wenn sie etwas brauchen und wollen. Natürlich können sie Jeff Bezos von Amazon anflehen, dass er sie fair bezahlt, Arbeitsbedingungen verbessert. Aber das ist sinnlos. Nicht nur weil Amazon ein riesiges Unternehmen ist, sondern weil sein Modell darauf beruht, dass einige Mitarbeiter sehr schlecht verdienen.«

Kolyma2 könnte also ein kleiner, erster Schritt sein auf dem Weg zur Vergesellschaftung der großen Tech-Konzerne. Sie könnten zeigen, wie es geht. Das war die Hoffnung vieler, die sich mit alternativen Wirtschaftsformen beschäftigen. Was aber in der Theorie schnell überzeugte, war leider nicht so einfach in die Wirklichkeit umzusetzen. Das musste auch das Berliner Kurierkollektiv feststellen. »Ein paar Tage nach dem Ende von Deliveroo haben wir uns in einem Kreuzberger Café getroffen, um mit Kolleg*innen über die Gründung eines Kurierkollektivs zu sprechen. Es kamen 30 bis 40, die Gruppe war bunt gemischt.« Das erzählt Stefano, er ist 42 Jahre alt, kommt aus Italien, hat fünf Jahre bei Deliveroo Deutschland gearbeitet – »von Anfang bis Ende«. Er arbeitet außerdem noch als Aushilfsfahrer bei Fahrwerk, einem ebenfalls kooperativ organisierten, aber klassischen Kurierdienst in Berlin. »Schon ein paar Tage später haben wir mit unserem alternativen Essenslieferdienst losgelegt.« Sie wollten nicht warten, bis eine aufwendige App fertiggestellt ist: »Wir waren über Whatsapp und Telegram zu erreichen, die Menüs der Restaurants, die sich beteiligt haben, konnte man als PDF-Datei auf unserer Webseite anschauen.«

Stefano sagt, er gehörte nicht zu den Fahrer*innen, die als Deliverunion für bessere Arbeitsbedingungen gekämpft haben: »Die Bezahlung war besser als bei klassischen Kurierdiensten. Mich hat aber beunruhigt, dass Deliveroo kein nachhaltiges Geschäftsmodell entwickelt hat, sie wollten schnelles Geld verdienen, haben keine schwarzen Zahlen geschrieben, und es war von Anfang an klar, dass sie von heute auf morgen wieder vom Markt verschwinden können, so wie es dann ja auch passiert ist. Mir war auch immer klar, dass mir von heute auf morgen gekündigt werden kann. Wir waren Deliveroo egal, die wollten schnell wachsen und Investorengelder einsammeln.« Mit seiner Kritik sollte er recht behalten: »An diesem Montag im August kam überraschend die E-Mail, in der stand, dass Deliveroo bereits am Freitag schließt. Niemand von uns hatte etwas geahnt.«

Was will er bei Kolyma2 anders machen? »Flache Hierarchien, alle verdienen das Gleiche oder zumindest einen fair verteilten Lohn, wir wollten ein Open Business sein, also transparent mit allen Einnahmen und Ausgaben umgehen, und wir wollten weg von den Einwegverpackungen. Wir wollen guten Service bieten, ansprechbar sein, das war bei Deliveroo anders. Viele der Kund*innen sind begeistert von unserem Konzept. Die wollen lieber mit einem guten Gefühl ihr Essen bestellen.« Die Kund*innen sollen nicht draufzahlen: »Der Preis der Auslieferung war bei uns nicht teurer als bei Deliveroo.« Vor allem aber sollte Kolyma2 langfristig die Sicherheit bieten, die es bei Deliveroo für Stefano und seine Kolleg*innen nicht gegeben hatte.

Das klingt vielversprechend, aber Stefano und seine Mitstreiter*innen waren nicht auf die Schwierigkeiten vorbereitet, die ein Kollektivbetrieb in Deutschland mit sich bringt: »Wir wollten ein Kollektiv gründen, dafür gibt es aber gar keine Gesellschaftsform. Wir haben dann zu zweit eine GbR gegründet, weil das am einfachsten ist, damit waren aber zwei Personen haftbar, und so ist gleich ein Ungleichgewicht da. Eine Genossenschaft zu gründen hätte Monate gedauert, ist teuer und kompliziert, das wollten wir auch nicht. So waren wir aber von Anfang an kein richtiges Kollektiv.«

Es gab also eine Hierarchie, die sie ja eigentlich vermeiden wollten. Sein Partner Christopher und er hätten sich um das meiste gekümmert, erzählt Stefano, die anderen wollten fahren, normal arbeiten, nicht in den Aufbau eines Kollektivs eingebunden sein, was mühsam ist, vor allem, wenn man nebenher noch normal arbeitet. Am Ende hat es nicht geklappt, die Verantwortung auf alle, oder auch nur viele, zu verteilen. Das war nicht das einzige Problem: »Bei Organisationen mit flachen Hierarchien muss sich jeder mit mehr Dingen als nur Essenausfahren beschäftigen, auch das demokratische Aushandeln wichtiger Fragen kostet Zeit, und die hatten wir nicht.« Und der Laden musste in Schwung gebracht werden. Richtig schlecht lief es nicht, wenn man bedenkt, dass es keine Werbung gab, sondern nur Mundpropaganda. Dennoch: 50 Bestellungen an einem Wochenende, an dem immerhin zwölf Fahrer*innen arbeiteten, und 80 in der Woche darauf – damit lässt sich kein Lebensunterhalt bestreiten. Deshalb legten Stefano und die anderen erstmal eine Pause ein.

Unterstützung bekamen sie von Ela Kagel: Sie betreibt mit anderen einen »Supermarkt« in Berlin. Hier gibt es aber nichts zu kaufen. Der »Supermarkt« ist Büro, Herz, Netzwerkstube, Veranstaltungsraum des alternativen Wirtschaftens in Berlin. Er liegt am Mehringplatz zwischen Hochhäusern und sozialen Wohnungsbauten im noch eher ungentrifizierten Teil von Kreuzberg, am unglamourösen Anfang der Friedrichstraße. Hier hat Ela versucht, Kolyma2 die Unterstützung zu organisieren, die Platform Coops derzeit noch fehlt. Doch wa-

Der »Supermarkt« in Berlin

rum haben es die Plattform-Genossenschaften im Gegensatz zu ihren privatwirtschaftlichen und auf Profit ausgerichteten Konkurrenten so schwer? Am Interesse der Kund*innen, bei einem Unternehmen zu bestellen, das es besser meint mit Arbeitsbedingungen, Daten und Löhnen, scheint es nicht zu liegen, denn die Kritik an Deliveroo, Lieferando, Uber und anderen wächst, weiß Ela Kagel: »Die Öffentlichkeit wird immer wacher und bewusster, was die Rolle der großen Plattformen angeht. Diese Riesen wachsen immer mehr, werden immer mächtiger, aber gleichzeitig verstehen immer mehr Menschen, dass das sehr problematisch ist, und wünschen sich Alternativen. Es geht tatsächlich nicht nur darum, dass unsere Daten verwertet werden, es geht auch nicht nur um die Macht- und Geldkonzentration, die es in dieser Form so noch nie gegeben hat, es geht auch um die Infrastruktur unserer Gesellschaft und das, was uns da draußen umgibt, in den Städten.« Die Plattform-Genossenschaften treten auf demselben Markt an, auf dem die anderen Plattform-Unternehmen bereits miteinander in Konkurrenz stehen, und auch sie müssen mit den vorher beschriebenen Netzwerkeffekten und Monopolisierungstendenzen umgehen. Plattform Coops und kleine Genossenschaften brauchen Startkapital, denn sie konkurrieren mit Unternehmen wie Deliveroo oder Uber, die in den ersten Jahren keine schwarzen Zahlen schreiben, sondern vor allem wachsen müssen.

Ein weiterer Grund für die Schwierigkeiten ist juristischer Art. Es sind ausgerechnet die deutschen Genossenschaftsverbände, die Kolyma2 das Leben schwer gemacht haben, erklärt Kagel: »Wer eine Genossenschaft gründen möchte, muss durch eine Reihe von Ritualen durch, die außerdem kostspielig sind. Das Verfahren ist kompliziert, also braucht man Experten und Berater, die sich gut bezahlen lassen und die kein Interesse daran haben, dass sich am deutschen Genossenschaftssystem etwas ändert. Die großen Genossenschaften in Deutschland, die Volksbanken oder Wohnungsbaugenossenschaften, Edeka oder Rewe, sind nicht für demokratische Strukturen oder Transparenz bekannt, die agieren nicht als Genossenschaften. Deutschland ist ein sehr trauriges Beispiel dafür, wie die Genossenschaften sich schon vor Jahren eine Lobby aufgebaut haben und jetzt jede Reform verhindern.«

Kagel hätte für dieses Problem eine Lösung parat: »Es muss endlich die Möglichkeit geben, Mini-Coops zu gründen, die auch mal über Nacht entstehen können.« Doch Unterstützung aus der Politik fehlt bisher noch: »In Deutschland wird seit Jahren auf Start-ups gesetzt. Wir von ›Supermarkt‹ sind vor fünf Jahren vom Berliner Wirtschaftssenat beauftragt worden, eine Potenzialanalyse über die kollaborative Ökonomie zu schreiben. Leider ist diese Studie in einer Schublade verschwunden.« Stattdessen wirbt Berlin um große Tech-Unternehmen wie Google, Amazon und Tesla, auch wenn diese dafür bekannt sind, Steuerschlupflöcher zu suchen, gewerkschaftsfeindlich zu agieren und weiterzuziehen, wenn sie politischen Gegenwind spüren.

Doch woher soll das Geld für solidarisches, alternatives Wirtschaften kommen? »Das ist ein schwieriges Thema, mit dem sich kaum jemand beschäftigen möchte. Viele hoffen, dass es irgendwo gutes, reines Geld gibt, im Gegensatz zum bösen, das in Start-ups gesteckt wird. Das ist eine Illusion. Derzeit geben vor allem Stiftungen, Privatpersonen, Förderprogramme der Open Society und Genossenschaftsbanken Geld. Und manchmal kommt es von den großen Gegnern.« Ela spielt darauf an, dass Trebor Scholz für die Weiterentwicklung der Plattform-Genossenschaften an der New School eine Million US-Dollar von der Google Foundation genommen hat. Mit dem Geld entwickelt er mit seinem Team einen Open-Source-Entwicklungsbaukasten, damit nicht alle Plattform-Genossenschaften immer wieder bei null anfangen müssen, zum Beispiel beim Entwickeln von Apps. Viele aus der Bewegung haben das kritisiert. Die Frage, von wem und unter welchen Bedingungen man Geld annehmen kann, bleibt offen – nicht nur für Plattform-Genossenschaften.

Die Lösung? Zum Beispiel, ein anderes Publikum zu finden, das nicht nur bereit ist, für bessere Arbeitsbedingungen mehr Geld auszugeben, sondern dafür auch noch das nötige Kleingeld hat. Auf dieses Modell setzt etwa die Plattform-Genossenschaft Up and Go aus New York. Up and Go bietet eine App an, über die sich Reinigungskräfte buchen lassen, die genossenschaftlich arbeiten. Für viele der vor allem migrantischen Frauen ist es eine Chance, selbst über Arbeitsstunden zu entscheiden und einen besseren Lohn zu bekommen als beispielsweise bei einer Plattform wie Book A Tiger. Genauso macht es seit 2008 die Beyond-Care-Kooperative, über die Trebor Scholz sagt: »Sie wurde von Migrantinnen, die in der Pflege arbeiten, gegründet. Die etwa 45 Mitglieder hatten vorher ein niedriges Einkommen, keinerlei Absicherungen, außerdem haben die meisten von ihnen auch keine Papiere, also keine Rechte.« Jetzt können sie sich nicht nur ihre Einsätze selber organisieren, sie sind festangestellt, haben Urlaubs- und Krankentage, bekommen Einheitslöhne. Sie organisieren sich über die App Coopify, die speziell für Plattform-Genossenschaften entwickelt wurde. »Über Coopify können verschiedene Kooperativen am App-Markt teilnehmen. Das müssen sie auch, um konkurrenzfähig zu bleiben. Heute buchen die Menschen ihren Babysitter oder ihre Putzkraft über das Smartphone. Das wird sich nicht mehr ändern. Aber hinter der Coopify-App stehen Koops. Kein Start-up, das mit Scheinselbstständigen arbeitet, denen es dann noch einen Teil des Lohns als Vermittlungsgebühr abzieht«, berichtet Scholz, der an der Entwicklung beteiligt war.

Homepage der Plattform-Genossenschaft Up and Go aus New York

Auch der kollektive Kurierdienst aus Berlin nutzt mittlerweile eine ähnliche App. Über Coopify, das als Open Source programmiert wurde, können die Kund*innen wie gewohnt ihr Essen bei Restaurants bestellen. Gebaut wurde die App von einem jungen Franzosen, dessen Freundin bei Deliveroo gearbeitet hat. Der sah die Deliveroo-App, über die die Fahrer*innen ihre Aufträge bekommen, und dachte sich, dass er das besser kann. Konnte er auch, bestätigt mir Stefano, und nicht nur das: »Durch seine Freundin hat er auch Einblick in die Arbeitsbedingungen von Deliveroo gehabt und wie die Unternehmen die Apps nutzen. Deswegen wollte er die App für Kollektive freigeben. Wir müssen einen geringen, symbolischen Betrag zahlen und bestimmte

Bedingungen wie kollektive Entscheidungsstrukturen haben«, erzählt mir Stefano zwei Jahre nach dem ersten Gespräch. Die App wird mittlerweile von vielen verschiedenen Plattform-Genossenschaften in Europa genutzt, die sich darüber auch vernetzen, und sie wird stetig weiterentwickelt, denn sie ist Open Source. Noch etwas hat Coopify verbessert: Die Deliveroo-Fahrer*innen kritisierten, dass die App des Unternehmens für sie eine Black Box war, dass sie nie wussten, warum sie eine lange, eine kurze oder gar keine Fahrt bekamen und dadurch das Gefühl entstand, etwas »falsch zu machen«. Auch das hat sich erledigt, erzählt Anderson: »Wir arbeiten alle als Auftraggeber*innen und Fahrer*innen, haben also alle beide Erfahrungen und machen die Entscheidungen, warum zum Beispiel ein Fahrer eine längere Strecke fahren muss, auch transparent.«

Zwei Jahre hat das Berliner Kurierkollektiv gebraucht, um nach den ersten Startschwierigkeiten auf die Beine zu kommen. Für den Prozess, wirklich ein Kollektiv zu werden, haben sie sich viel Zeit genommen, erzählt Stefano, und zum Beispiel versucht, die Arbeit gerechter zu verteilen, als das vor zwei Jahren der Fall war, als die Organisation auf einigen wenigen lastete. Einige Widersprüche bleiben bisher noch bestehen: »Wir wissen noch nicht

Plakat des Lieferdienstes Khora

genau, wie wir Konsenskultur, also dass alle mitent-
scheiden, und den kapitalistischen Wettbewerb, in
dem wir uns bewegen und der uns auch zwingt,
mitunter schnelle Entscheidungen zu treffen, unter
einen Hut bekommen.«

Einen neuen Namen gibt es auch: Kolyma2 heißt jetzt Khora. Kolyma ist eine Region in der ehemaligen Sowjetunion, deren Name im Russischen synonym mit Gulag, also Lager, verwendet wird, weckte also negative Assoziationen. Den Neustart versuchen sie jetzt mit einem Unternehmensnamen ohne tiefere Bedeutung. Startkapital haben die Kuriere allerdings nicht. Das brauchen sie laut Stefano aber auch erstmal nicht, da sie auf alles verzichten, was ihnen unnötig erscheint. Nur gemeinsame Büro- und Aufenthaltsräume wollen sie bald anmieten. Fahrräder stellen sie auch nicht. Das ist für Stefano aber kein Problem: »Wir lieben alle unsere Fahrräder. Das war bisher kein Thema. Wenn es eins wird, kümmern wir uns aber natürlich drum.« Doch Khora bleibt klein, auch Corona und die vielen Bestellungen helfen ihnen nicht beim Abheben. Und mittlerweile fahren neben Lieferando auch noch Wolt und Ubereats durch Berlin.

Dabei ist die Plattform-Coop-Bewegung das richtige Gegengift, auch wenn sie noch ganz am Anfang steht. Sie zeigt, dass anderes Arbeiten möglich ist, und baut Alternativen, wo eher Resignation herrscht. Und sie stellt die richtige Frage nach den Eigentumsverhältnissen, die uns auch bei den großen Plattformen beschäftigen sollte: Die, die arbeiten, sollten auch darüber bestimmen, was mit den Einnahmen und den Daten passiert und wie Arbeitszeiten geregelt werden. Wie Unternehmen arbeiten, die nicht auf Wachstum ausgerichtet sind, davon haben wir gesellschaftlich noch kein Verständnis. Ebenso wenig haben wir Erfahrung damit, wie Tech-Unternehmen demokratisch verwaltet werden können. Wenn aber ein paar Unternehmen entstehen, die solidarisch wirtschaften, in denen Menschen sich selbst organisieren, die faire Produktionsketten aufbauen und keine Angst vor Chef*innen haben wollen, dann gibt es durchaus Grund zur Hoffnung. Wie groß ist also die Chance, dass Platform Coops oder junge Genossenschaften tatsächlich eine Alternative zum bestehenden Kapitalismus mit seinen mächtigen Tech-Unternehmen bilden können? Aktuell sind sie gering, aber sie sind ein wichtiges Experimentierfeld, um die Idee von den demokratisch verwalteten Unternehmen aus der Theorie in die Praxis zu bringen, denn während einige schon davon träumen, Amazon zu vergesellschaften, zeigt sich an Khora und Co., wo die Stärken und Schwächen liegen.

Teile dieses Kapitels sind am 1.7.2016 (»Sollen die Roboter Uber gehören?«) und am 13.12.2019 (»Ein anderes Arbeiten ist möglich«) in der Wochenzeitung *Der Freitag* erschienen.

»Ich habe mich gefühlt wie in einem Gefängnis«

Pendelmigrant*innen im privaten Pflegedienst organisieren sich

Kochen, putzen, waschen, eincremen, gut zureden, plaudern, schweigen, beschäftigen, Medikamente verabreichen. Miteinander lachen, schwere Momente zusammen durchstehen, mit den Verwandten sprechen, bei ihnen leben, nie einen schlechten Tag haben. Und das alles sieben Tage die Woche, nicht nur von morgens bis abends, sondern auch nachts, in einer fremden Umgebung: So sieht die Arbeit von Privatbetreuer*innen aus, die ihre – oftmals osteuropäische – Heimat verlassen, damit alte, pflegebedürftige Menschen in der Schweiz, in Deutschland, in Österreich in ihrem Zuhause bleiben können. Sie gehen weg von ihren Familien und Freunden, um andere zu pflegen. Wie viele es sind, weiß niemand genau, denn sie werden über private Pflegeplattformen vermittelt und angestellt. In Deutschland vermutet der DGB 600.000 Betreuer*innen im Einsatz, andere Quellen sprechen von 300.000 sogenannten

Live-in-Pflegekräften. In der Schweiz könnten es zwischen 20.000 und 30.000 sein, schätzt der VPOD (Verband des Personals öffentlicher Dienste; eine mit Verdi vergleichbare Gewerkschaft). Die große Mehrzahl sind Frauen, Männer üben diesen Beruf nur sehr selten aus.

Eine dieser Frauen ist Bozena Domanska (51) aus Polen. Seit 2011 hat sie als Betreuerin in der Schweiz gearbeitet, davor war sie unter anderem als Haushälterin in Deutschland beschäftigt, berichtet sie bei einem Gespräch im Basler Büro des VPOD: »Nachdem die Grenzen ab 1990 offen waren, sind mein Mann und ich als Saisonarbeitskräfte nach Deutschland. Mein Mann hat auf der Baustelle gearbeitet, ich habe Haushalte geführt, zehn Jahre davon bei einer reichen Familie.« Domanska und ihr Mann hatten damals keine Arbeitsgenehmigung: »Es war hart, ständig mit der Angst zu leben, erwischt zu werden. Wir hatten Angst vor den Polizeikontrollen, und von denen gab es viele. Wenn der Lohn zu knapp war, konnten wir uns nicht wehren. Das war keine gute Zeit.«

2011 bekommt sie eine Arbeitsgenehmigung für die Schweiz und reist gemeinsam mit ihrer Freundin Agata Jaworska nach Basel, um dort als 24-Stunden-Betreuerin zu arbeiten. »Das war schon eine

Erleichterung. Agata und ich konnten endlich mal durchatmen, mussten uns nicht mehr verstecken. Das hat bei uns beiden eine Weile gedauert, bis wir verinnerlicht hatten, dass wir nicht mehr schwarzarbeiten.« Doch die Situation war auch im neuen Job alles andere als rosig: »Wie das mit den Arbeitsbedingungen in der 24-Stunden-Betreuung ist, das haben wir damals noch nicht gewusst.« Damals war Domanska bei einem privaten Basler sogenannten Spitexunternehmen angestellt. Der im deutschschweizerischen Sprachraum verwendete Begriff steht für »spitalexterne Hilfe und Pflege«, was der »ambulanten Pflege« in Deutschland entspricht. Private Pflegedienstleistervermitteln – wie andere Plattform-Unternehmen auch – zwischen Kund*innen und Betreuer*innen und verdienen ihr Geld mit den darauf erhobenen Gebühren, oder aber sie agieren als Personalverleih; dann entsteht der Arbeitsvertrag zwischen Betreuerin und Firma, und die zu betreuende Person ist Kund*in. Hier beginnt auch das Problem der arbeitsrechtlichen Abgrenzung: Domanska und ihre Kolleg*innen dürfen eigentlich nur betreuen, nicht pflegen. »Pflegedienstleistungen können über die Krankenkasse abgerechnet werden. Betreuung nicht«, erklärt die Gewerkschaftssekretärin Eliane Albisser vom VPOD. »Wir haben die Kranken trotzdem gepflegt«, berichtet Domanska und macht den Spitexunternehmen noch einen weiteren Vorwurf: »Wenn wenigstens der Lohn stimmen würde. Aber ständig gab es Kürzungen.« Oft nicht mehr als 2000 Schweizer Franken hätten sie und ihre Kolleg*innen verdient. Der Durchschnittslohn im Land beträgt etwa 6500 Franken. Wie viel die Spitexunternehmen verdienen, ist nicht genau bekannt, weil sie ihren Gewinn nicht offenlegen müssen.

Beim Austausch untereinander stellen die Privatbetreuer*innen außerdem fest, dass es Lohnunterschiede zwischen ihnen gibt: »Wir Frauen haben alle unterschiedlich verdient, aber gleich viel gearbeitet. Wir wollten damals wissen, wie hoch unser Lohn eigentlich sein muss, was rechtens ist.« Doch die Informationen wurden ihnen vorenthalten: »Der Arbeitgeber hat uns Druck gemacht, dass wir nicht so viele Fragen stellen sollen, dass wir bestimmte Informationen nicht brauchen.« Davon ließ sich Domanska aber nicht einschüchtern: »Ich habe mich schnell unbeliebt gemacht, weil ich am besten Deutsch konnte und die meisten Fragen gestellt habe.« Auch die Regelung der Arbeitszeiten war intransparent. Oftmals wurden mit den Frauen zwar Acht-Stunden-Tage vereinbart, sie hatten aber die restlichen der 24 Stunden Bereitschaftsdienst.

Freie Tage mussten sie direkt und oftmals immer wieder neu verhandeln, auch das ist eine rechtliche Grauzone, den die Spitexunternehmen für sich nutzen. Wer, wie sie, in der Schweiz in diesem Bereich privat tätig ist, kann im Grunde nach eigenem Ermessen agieren, da die arbeitsrechtlichen Vorgaben sich in Einzelverträgen umgehen lassen.

Während Domanska begann, sich in der Schweiz über ihre Arbeitsrechte zu informieren, verstarb der Mann, den sie und Agata Jaworska gemeinsam betreuten. Beide mussten umgehend die Stelle wechseln, so ist es festgelegt. Domanska empfand das als Belastung. Ihrer Meinung nach sollte der Arbeitgeber verpflichtet sein, sich um den psychischen Zustand der Betreuer*innen zu kümmern, wenn ihre Patient*innen sterben. »Wir arbeiten bei kranken Leuten, die unsere Empathie brauchen. Aber wir können uns nicht nur kümmern. Es muss sich auch jemand um uns kümmern. Wir haben auch Bedürfnisse. Das führt dazu, dass wir ausbrennen. Viele von uns sind krank.« Auch in der neuen Stelle anzukommen fand sie schwierig: »Ich war wieder von einem Tag auf den anderen an einem neuen Ort, wieder in einem neuen Haus bei fremden Menschen, kannte mich nicht aus. Diese Neuorientierung fiel mir jedes Mal schwerer.«

Bozena Domanska beim Beratungsgespräch, März 2020

Für Domanska begann eine harte Zeit: »Ich war allein in den Bergen, weit weg von allen, die ich in der Schweiz kannte, und es gab keine Internetverbindung. Eigentlich sollten wir wieder zu zweit eine Person betreuen, aber als ich da angekommen war, waren es stattdessen zwei Pflegefälle für mich alleine. Ich sollte beide pflegen, den Mann und die Frau.« Sie ist sichtlich aufgewühlt, als sie das erzählt: »Das arbeitet bis heute in mir.« Also sprach Domanska ihren Arbeitgeber an und erklärt, dass sie gerne nach Basel zurück möchte: »Ich habe mich dort integriert, kenne Leute und kenne mich aus. Ich habe meinen Arbeitgeber angefleht. Ich war psychisch nicht bereit, wieder an einen neuen Ort zu gehen. 20 Jahre lang habe ich ständig den Ort gewechselt. Ich konnte nicht mehr.« Und der Arbeitgeber? Der hat ihr gedroht, erzählt sie: »Wenn du nicht willst, kommt eine aus der Ukraine. Die macht das für vier Franken‹, hat er gesagt. Was sollte ich machen? Ich brauche das Geld. Meine Tochter studiert. Mein Mann und ich sind getrennt. Ich brauche Geld für die Rente.« Als sie erfuhr, dass sich der Gesundheitszustand ihrer Eltern in Polen verschlechterte, verzweifelte sie: »Ich habe mich gefühlt, als ob ich in einem Gefängnis bin.« Daraufhin erhielt sie die Kündigung: »Darin stand, dass sie mich wegen meines Heimwehs nicht weiterbeschäftigen können.«

Vorfälle wie dieser werden auch durch den Charakter dieser spezifischen Care-Arbeit begünstigt, schreibt Sarah Schilliger, die die Frauen politisch und wissenschaftlich schon viele Jahre begleitet. Sie müssen nachweisen, dass sie tatsächlich Lohnarbeit verrichten: »Gerade die emotionalen Anteile der Care-Arbeit werden häufig von den Angehörigen wie auch von den Agenturen nicht als Teil der Arbeit wahrgenommen. Das stundenlange Sitzen am Bettrand, die empathischen Berührungen, das gemeinsame Singen, der Versuch, eine gute Atmosphäre zu schaffen, aber auch die Bereitschaft, während der ganzen Nacht im Zimmer nebenan abrufbar zu sein – all dies wird nicht als Leistung erkannt und als selbstverständlich vorausgesetzt. […] Diese Vorstellung spiegelt sich in den Darstellungen der Agenturen, die 24-h-Betreuerinnen als ›aufopfernde Helferinnen‹, ›gute Wesen‹ oder ›Pflegefeen‹ bezeichnen und damit den Arbeitscharakter dieser Tätigkeit ausblenden.«[1] Und Simone Habel und Theresa Tschenker schreiben in einer anderen Studie: »Weibliche Sorgearbeit dient im Kapitalismus als Ressource, auf die oftmals unbezahlt zurückgegriffen wird. Im Privaten unsichtbar gemacht, wird ihr Charakter als Arbeit negiert. Deshalb bewegen sich Kämpfe um die Aufwertung von Sorgearbeit in einem Kontext, in dem zunächst um die Anerkennung dieser Tätigkeit als Arbeit und als vergütungspflichtige Arbeitszeit gerungen werden muss. Ein Paradebeispiel für diese Dynamiken ist die Pflegearbeit von Migrantinnen in Privathaushalten, die sogenannte Live-in-Pflege, und gerade diese hat sich in Deutschland als gängiges Modell zur Versorgung von Pflegebedürftigen der Mittelschicht etabliert.«[2]

Domanska beschließt, sich zu wehren, und geht zu einer Beratungsstelle im Baseler Gewerkschaftshaus des VPOD. Am 13. Juni 2013 gründen sie und ein paar andere Frauen mit Unterstützung des VPOD ein Netzwerk für Betreuer*innen in Basel. Sie nennen es *Netzwerk Respekt*. Sie gründen eine geschlossene Facebook-Gruppe, in der sie sich austauschen, sich gegenseitig Tipps geben und gemeinsam über ihre Rechte informieren. Sie kommen aber auch offline zusammen: »Beim ersten Treffen waren bereits 20 Frauen«, erzählt Domanska. Das funktionierte so gut, weil die polnischen Betreuerinnen zwar einzeln arbeiten, sich aber sonntags in der katholischen Kirche in Basel begegneten: »Jeden Sonntag hatten wir ein paar Stunden Freizeit, sind gemeinsam in die Kirche gegangen und danach noch zusammengeblieben. Ich sage immer, das ist unser Facebook live«, sagt Domanska und lacht. Die Treffen finden bis heute einmal im Monat sonntags mit Kaffee und Kuchen statt. »Es kommen jedes

VPOD-Demonstrant*innen in Basel, Mai 2021

Mal neue Frauen dazu.« Die Existenz der Gruppe sprach sich herum: »Es gab eine Frau, die hatte
von uns gehört, sie wusste aber nicht, wo wir uns
treffen, also ist die jeden Sonntag zu einer anderen
Kirche in Basel gegangen«, erzählt Domanska stolz.

Es sei sehr schwierig, Pendelmigrant*innen zu
organisieren, sagt Eliane Albisser. »Aber uns ist das
gelungen. Die meisten Frauen sind Polinnen. Unter
ihnen hat sich unser Netzwerk herumgesprochen.
Das ist logisch, das ist ja auch die Sprache, die gesprochen wird. Trotzdem ist es für uns schade, dass
wir kaum Frauen aus Rumänien, Bulgarien oder an-

ICH HABE MICH GEFÜHLT WIE IN EINEM GEFÄNGNIS«

deren osteuropäischen Ländern dabeihaben. Denn es gibt sie bestimmt im Raum Basel.« Die Kämpfe der Frauen hätten auch die Gewerkschaft verändert: »Andere Gewerkschaften, wie auch wir, können nicht mehr einfach behaupten, Pendelmigrant*innen seien nicht organisierbar. Man muss einfach kreativ sein und neue Wege gehen, wie mit den Sonntagstreffen nach der Kirche.« Einfach sei es deswegen aber trotzdem nicht: »Manchmal sind wir zu viert, manchmal kommen 30 Frauen. Ich würde sagen, wir haben um die 50 feste Mitglieder.« Die Arbeitsbedingungen der Frauen erschwerten die regelmäßige Teilnahme. »Wir wissen nie, wann ein Patient stirbt und wohin wir dann versetzt werden«, erklärt Domanska. Erschwerend kommen fehlende Freizeit und unregulierte Arbeitszeiten hinzu: »Die Frauen wissen oft vorher nicht genau, ob sie überhaupt Zeit haben«, sagt Albisser und fügt hinzu: »Die Angst der Frauen ist außerdem groß. Die meisten würden ihren Arbeitgeber*innen niemals erzählen, dass sie sich gewerkschaftlich organisieren. Sie haben sonst schon ständig Angst vor einer Kündigung, wenn sie die Betreuungsintensität und die fehlenden Ruhezeiten ansprechen.«

Es gebe praktische Solidarität untereinander, erklärt Albisser. »Es ist wichtig, dass Bozena und ihre

Kolleginnen einen Raum haben, wo sie nur unter sich sind, sich austauschen können und dass die, die schon etwas erreicht haben, das auch den anderen weitergeben, ihnen Mut machen.« Teil dieser Sonntagstreffen sind von Albisser angebotene »Know your rights«-Workshops. »Wir beraten niederschwellig und wollen die Frauen mit Informationen und Wissen ermächtigen, aber ihnen gleichzeitig auch nicht das Gefühl geben, dass sich alleine durch Wissen ihre Probleme erledigen.« Sie erklärt den Frauen, wie sie ihre Verträge lesen können, wie Lohnabrechnungen funktionieren und wo sie Unterstützung bekommen, wenn es in den Familien – ihrem Arbeitsplatz – schwierig wird. Rechtsberatungen und juristische Kämpfe vereinzeln – Organisieren bringt zusammen; diesen Spagat kennt auch Albisser aus ihrer tagtäglichen Arbeit: »Die Frauen können das Empowerment, das wir ihnen vermitteln, meist nicht direkt in ihren komplizierten Situationen anwenden, auch wenn es ihnen hilft, mehr zu wissen. In den Familien sind sie dann wieder alleine. Fakt ist: Um wirklich etwas zu ändern, braucht es politischen Druck und Gesetzesänderungen.« Letztere lassen leider noch auf sich warten. Eine Forderung des VPOD zur Regulierung der Arbeitsverhältnisse hat der Schweizer Bundesrat 2017 abgelehnt.

Druck gibt es aber bereits. Die Frauen vom *Netzwerk Respekt* haben es geschafft, ihr Thema in die Öffentlichkeit zu bringen: »Es gibt mittlerweile fast niemanden mehr in der Schweiz, der nichts über diese ausbeuterischen Arbeitsverhältnisse weiß. Das war vor zehn Jahren anders«, so Albisser. Die Frauen gehen zusammen auf Demonstrationen, sind sichtbar geworden. Die Schweizer Presse hat vielfach über die Gerichtsprozesse von Bozena Domanska und Agata Jaworska berichtet, die mittlerweile beide landesweit bekannt sind. Insgesamt gab es bisher zwölf Klagen aus dem *Netzwerk Respekt*, in denen es immer wieder um zentrale Forderungen wie Mindestentlohnung, Einhaltung von regulären Arbeitszeiten und -rechten, Trennung von Freizeit und Arbeit geht. Nachdem ihr das Spitexunternehmen Runkel GmbH im Jahr 2011 gekündigt hatte, war Domanska mit einem Kollegen vor eine Schlichtungsstelle gezogen. Die gab ihr recht, und das Unternehmen musste ihr für unbezahlte Überstunden 7000 Franken Lohn nachzahlen. Auch ihre Freundin und Kollegin Agata Jaworska hat 2015 vor einem Baseler Gericht erstritten, dass die Arbeit im Privathaushalt bei einer Anstellung durch private Firmen dem Arbeitsgesetz unterliegt. Folglich müssen sämtliche Stunden – auch die der

Rufbereitschaft – angemessen entlohnt werden, im Falle Jaworskas mit dem halben regulären Stundenlohn. Sie erhielt deshalb für einen dreimonatigen Arbeitseinsatz eine Nachzahlung von rund 13.000 Franken. Bozana Domanskas Wunsch, in der ambulanten Pflege zu arbeiten, hat sich in der Zwischenzeit erfüllt. Sie lebt in einer eigenen Wohnung und ist weiterhin beim *Netzwerk Respekt* aktiv. Nicht nur deswegen ist sie zu einem Vorbild für andere Privatbetreuer*innen geworden.

Von einer Organisierung der 24-Stunden-Betreuer*innen ist man in Deutschland noch entfernt. Hier gab es 2021 aber immerhin ein richtungsweisendes Urteil des Bundesarbeitsgerichts: Arjona Alekseva (Name geändert) aus Bulgarien hat dagegen geklagt, dass sie lediglich die in ihrem Arbeitsvertrag festgelegten 30 Stunden, nicht aber die restliche Arbeits- und Bereitschaftszeit bezahlt bekommt. Zwei Gerichte in Berlin hatten ihr bereits recht gegeben; ein Arbeitsgericht gestand ihr zu, dass sie Lohn für 168 Arbeitsstunden hätte bekommen müssen. Das Landgericht Berlin erkannte 21 Arbeitsstunden täglich, also insgesamt 147 Arbeitsstunden an. Aleksevas tatsächlicher Lohn lag also so weit unter dem Mindestlohn, dass es sich hier nicht mehr auszurechnen lohnt. Arbeitgeber war auch hier eine bulgarische

Vermittlungsagentur. Am 24. Juni 2021 entschied
dann das Bundesarbeitsgericht in letzter Instanz,
dass bei der sogenannten 24-Stunden-Betreuung in
Deutschland auch 24 Stunden Arbeit entlohnt werden müssen. Osteuropäische Pflegekräfte verdienen
in Deutschland geschätzt zwischen 1500 und 1700
Euro monatlich, das entspricht einem durchschnittli-
chen Stundenlohn von 2,08 Euro. So hat es der Bun-
desverband der Betreuungsdienste errechnet. »Das
Urteil ist ein echter Durchbruch. Das ist ein richtungsweisendes Urteil für die ganze Branche, denn
das Modell der sogenannten 24-Stunden-Pflege basiert ja gerade darauf, dass zwar bis zu 24 Stunden
pro Tag gearbeitet werden, jedoch nur ein Bruchteil
dessen tatsächlich bezahlt wird«, freut sich Justyna
Oblacewicz vom DGB-Projekt *Faire Mobilität*, dessen Mitarbeiter*innen ost- und mitteleuropäische
Arbeits- und Pendelmigrant*innen in Deutschland
bei ihren Anliegen beraten. Unterstützung bekommt
Alekseva von ihnen und von ihrer Gewerkschaft Verdi.

»Wir hoffen, dass sich nach einem positiven Urteil mehr Betreuer*innen trauen, gegen mangelnde
Bezahlung und fehlende Freizeit zu wehren und ihre
Ansprüche einzuklagen«, so Oblacewicz. »Viele wissen nicht mal, dass sie ihre Rechte hier in Deutschland durchsetzen können, auch wenn sie keinen

deutschen, sondern zum Beispiel einen bulgarischen Vertrag haben.« Neben der rechtlichen Beratung bemüht sie sich um die gewerkschaftliche Organisierung der Frauen, die in Deutschland leider noch ganz am Anfang stehe: »Wir versuchen, die Frauen über Social Media zu vernetzen. Es gibt aber leider viele sprachliche Barrieren.« Versucht werde, sie online dort zu treffen, wo sie bereits unterwegs sind: »Die Betreuungskräfte nutzen soziale Medien zum Austausch. In diversen Gruppen tauschen sie sich über Vermittlungsagenturen sowie ihre Erfahrungen aus. Auch wir nutzen das Medium, um sie über ihre Rechte zu informieren. Dennoch ersetzen diese Netzwerke nicht eine gewerkschaftliche Organisierung.«

Im Gegensatz zur Schweiz ist das Thema in Deutschland noch nicht im öffentlichen Diskurs angekommen. Während die Medien im Nachbarland die Probleme der 24-Stunden-Betreuer*innen oftmals aufgreifen und für deren Arbeitsbedingungen sensibilisieren, haben die deutschen Betreuer*innen die Presse nicht auf ihrer Seite. Dort geht es vor allem um die, die Pflege benötigen. »Klatsche für Pflegebedürftige und Angehörige«, titelte der *DLF*, »Preisschock für Pflege zu Hause« die *FAZ*, »Häusliche Pflege wird teurer« die *SZ*, und *Zeit Online* schrieb, »Sozialverbände halten Rund-um-die-Uhr-Pflege für kaum noch bezahlbar«. Justyna Oblacewicz kritisiert diese Perspektive: »Ein System, das auf Ausbeutung basiert, aufrecht erhalten zu wollen, weil es sonst zu teuer würde, halte ich für kein überzeugendes Argument. Wenn wir gute Pflege und Betreuung für unsere Angehörigen wollen, dann müssen wir dafür sorgen, dass die Arbeitsbedingungen gut sind und die Arbeit fair bezahlt wird. Davon profitieren am Ende auch die Familien.«

Die (gewerkschaftliche) Organisierung migrantischer Pendelarbeiter*innen, ihre Selbstermächtigung und Sichtbarmachung, die Integration ihrer Arbeitsverhältnisse in Arbeitsgesetze, all das bleibt eine Herausforderung. Oftmals kommen, nicht nur bei den 24-Stunden-Betreuer*innen, Fragen wie nach der Unterbringung oder der Trennung von Freizeit und Arbeit hinzu, während sich die großen Gewerkschaften wenig für das Themenfeld interessieren. Argumentiert wird, die Pendelarbeiter*innen seien schwer organisierbar und »sowieso bald wieder weg«.

Umso spektakulärer war es, als am 15. Mai 2020 rumänische Erntearbeiter*innen in Bornheim im Rheinland – während des ersten Corona-Shutdowns – in einen wilden Streik traten, nachdem versprochene Lohnzahlungen erneut ausblieben. Sie waren beim Erdbeer- und Spargelbauern Claus Ritter beschäftigt, dessen Unternehmen aber zu diesem Zeitpunkt schon einem Insolvenzverwalter unterstellt war. Als die kleine, anarchosyndikalistische Gewerkschaft FAU Wind davon bekam, machte sie sich auf den Weg zum Spargelhof und unterstützte die wütenden Erntearbeiter*innen mit Übersetzungen, Rechtsbeistand, Protest-Know-how und Öffentlichkeitsarbeit. »Erfolgreich ist die FAU dort, wo es die großen, traditionellen Gewerkschaften nicht sind, an den äußeren Rändern des Arbeitsmarkts, dessen Jobs prekär sind, wo es keine festen Belegschaften und keine Betriebsräte und erst recht keine Tarifverträge gibt«, erklärt die Journalistin Jennifer Stange die Stärke der FAU.[3] Diesmal reisten Journalist*innen an, einer von ihnen war Sebastian Friedrich. Er dokumentierte die Vorwürfe und Forderungen: Eine Erntehelferin erzählt etwa, wie sie seit Beginn des Streiks in dem Containerdorf von einem Security-Team behandelt wurde. »Sie bewachen uns seit drei Tagen Tag und Nacht, als wären wir im Gefängnis.« Eine andere Frau beschreibt, wie die Saisonkräfte »jeden Tag, vom Morgengrauen an, ohne Schutzmasken vor dem Mund, eingepfercht in Bussen kamen«. Sie seien auf dem Feld beleidigt und misshandelt worden wie Hunde, und das Essen sei nicht einmal für Schweine geeignet gewesen.[4] Mit Unterstützung der FAU und anderer an Basiskämpfen interessierter Aktivist*innen stellten die Erntehelfer*innen Proteste und Demonstrationen auf die Beine. Bereits drei Tage nach Beginn des wilden Streiks fand eine Protestaktion in Bornheim mit mehreren Hundert Teilnehmer*innen statt. Daraufhin wurde den Erntearbeiter*innen zwar Geld ausgezahlt, die Löhne aber waren sehr unterschiedlich, wirkten willkürlich, zu niedrig waren sie alle. Da die Lohnforderungen nicht beglichen wurden, fand am Tag darauf eine Demo gegen den Insolvenzverwalter statt, bei der die Teilnehmer*innen vor das rumänische Konsulat zogen. In derselben Woche machte sich außerdem die rumänische Arbeitsministerin Violeta Alexandru auf den Weg nach Bonn. Sie versprach dabei zu helfen, dass die Erntehelfer*innen den Weg nach Hause antreten sowie andere Stellen finden können. Ein paar Monate später bilanzierte die FAU den Arbeitskampf in Bornheim: »Eine zentrale Forderung der Streikenden war die Auszahlung der Löhne für bereits geleistete Arbeit. Mit dem Druck, der durch unsere Öffentlichkeitsarbeit entstand, erreichten wir weitere Auszahlungen. Wir konnten dabei verhindern, dass die Arbeiter*innen selbst unter Druck gerieten, Aufhebungsverträge zu unterzeichnen, und unser Rechtsbeistand konnte den Auszahlungen bei-

Wilder Streik bei Spargel Ritter, Mai 2020

wohnen. Gleichwohl waren zahlreiche Beträge nach wie vor zu niedrig.«[5] Wie niedrig, das rechnet Jennifer Stange, die ebenfalls vor Ort war, exemplarisch für zwei Erntearbeiter*innen vor: »Maria und Adrian bekommen für 16 Tage Arbeit jeweils 180 Euro ausgezahlt. […] Wer pro Stunde etwa 20 Kilo Erdbeeren pflückt, käme auf einen Akkordlohn von mindestens 13,40 Euro. Bei einem Acht-Stunden-Tag macht das 107,20 Euro, abzüglich Miete, Reinigung und Verpflegung blieben also mindestens 94 Euro pro Tag.«[6] Ein weiteres Problem war die Heimreise: »Viele der Arbeiter*innen waren ausgezehrt und wollten ihre

Heimreise nach Rumänien antreten, sei es, um zu ihren Familien zurückzukehren oder auch, um von dort nach neuen Anstellungen zu suchen. Tatsächlich blieb es, wie zu erwarten war, bei öffentlichkeitswirksamen Lippenbekenntnissen, und sie kamen den Arbeiter*innen nur rudimentär entgegen.«[7] Trotzdem zog die FAU eine positive Bilanz. Ohne den wilden Streik der Arbeiter*innen und ohne ihre Unterstützung wäre nichts erreicht worden: »Durch den Streik und den öffentlichen Druck konnten wir diese Woche erreichen, dass viele Leute wenigstens einen Teil ihres Geldes bekommen haben. Auch eine drohende Obdachlosigkeit von Hunderten Personen konnte abgewendet werden. Der Insolvenzverwalter wollte sie aus ihren Container-Unterkünften schmeißen, wenn sie die Teilauszahlung des Lohnes annehmen«, so FAU-Pressesprecher Erik Hagedorn.[8] Zur positiven Bilanz gehört auch, dass die vorher nicht sichtbaren Arbeits- und Lohnbedingungen der migrantischen Pendelarbeiter*innen wenigstens für kurze Zeit an die deutsche Öffentlichkeit durchgedrungen sind, der #Spargelstreik für kurze Zeit in den Medien Thema war. Aber hatte der Arbeitskampf auch langfristige Effekte? Jennifer Stange blieb auch nach dem »Aufstand von Bornheim« am Thema dran und hielt Kontakt zu Maria und Adrian, die danach auf einem Biohof bei Mönchengladbach arbeiteten. Den Job hatte ihnen die FAU vermittelt. Danach ging es für die beiden zur Zucchiniernte nach Bristol in Großbritannien, vermittelt über eine britische Zeitarbeitsfirma. Dort erlebten sie erneut Arbeitsbedingungen, wie sie sie schon aus Bornheim kannten, nur dass sie diesmal keine Verbesserungen durchsetzen konnten.

Die Beispiele aus Basel und Bornheim zeigen, dass migrantische Pendelarbeiter*innen sich organisieren können, wenn die Gewerkschaft, die sie unterstützt, sich auf sie einlässt. Leider ist das bei den großen Gewerkschaften in Deutschland bisher noch viel zu selten der Fall. Unterstützung brauchen die Pendel- und Saisonarbeiter*innen vor allem im rechtlichen Bereich, weil ihre Arbeitsrechte entweder nicht eingehalten werden oder ihre Beschäftigung erst gar nicht vom Arbeitsrecht abgedeckt wird. Ebenso benötigen sie Hilfe bei der Öffentlichkeitsarbeit, denn sie verrichten oftmals Tätigkeiten, die wenig Anerkennung erfahren und unsichtbar gemacht werden. Auch können Unterbringung und Lebensbedingungen nicht getrennt von der Arbeit betrachtet werden, wie es viele etablierte Gewerkschaften noch viel zu oft tun, denn die sklavenähnlichen Arbeitsverhältnisse gehen auch hier immer mit Entrechtungen einher, auch was die Einhaltung von Freizeit betrifft. Man will über die migrantischen Arbeiter*innen 24 Uhr und rundum verfügen, also müssen auch die Gewerkschaften dementsprechend agieren.

Anmerkungen

1 Schilliger, Sarah (2015): »Wir sind doch keine Sklavinnen«, in: Luxemburg. Gesellschaftsanalyse und linke Praxis, Oktober 2015, www.zeitschrift-luxemburg.de [30.11.2021].
2 Tschenker, Theresa / Habel, Simone (2021): Mehr als ein Vollzeitjob. In: nd, 12.11.2021, www.nd-aktuell.de/artikel [30.11.2021].
3 Stange, Jennifer (2021): Der Aufstand von Bornheim, www1.wdr.de/mediathek [1.12.2021].
4 Friedrich, Sebastian / Scholz, Nina (2021): Klassenkämpfe während Corona und Perspektiven für die Zeit danach. Schlaglichter auf die Lage der Beschäftigten in »systemrelevanten Berufen«. In: Bertz, D. F. (Hg., 2021): Die Welt nach Corona. Von den Risiken des Kapitalismus, den Nebenwirkungen des Ausnahmezustands und der kommenden Gesellschaft. Berlin: Bertz + Fischer, S. 615–634.
5 o.A. (2020): »Streik in Bornheim – was hat's gebracht?«, Freie Arbeiter*innen-Union Bonn, https://bonn.fau.org/streik-in-bornheim-was-hats-gebracht/ [1.12.2021].
6 Stange, Jennifer: Der Aufstand von Bornheim, a.a.O.
7 »Streik in Bornheim – was hat's gebracht?«, a.a.O.
8 FAU Bonn Pressekonferenz in Bornheim # Spargelstreik (2020), www.facebook.com/faubonn/videos/247376776330706.

Die Interviews mit Bozena Domanska und Eliane Albisser fanden im März 2019 statt.

Pfleger*innenstreik trotz Corona

Berliner Erfolge gegen die Misere in den Krankenhäusern

Die Berliner Krankenhausbewegung hat Geschichte geschrieben. Im Spätsommer 2021 streikten die Beschäftigten der großen kommunalen Krankenhausträger Charité und Vivantes mehrere Wochen gemeinsam mit den privatisierten, outgesourcten Töchter-Unternehmen von Vivantes für bessere Arbeitsbedingungen. Monatelang schon kämpften sie aktiv, aufbauend auf eine jahrelange Organisierungspraxis – und bekamen nach harten Verhandlungen ihren »Tarifvertrag Entlastung«. Seit Jahren sind die personelle Unterversorgung der Krankenhäuser und die kaum erträglichen Arbeitsbedingungen der Beschäftigten bekannt. In der Coronakrise wurde den Pflegekräften öffentlich gedankt und Solidarität signalisiert, Politikerinnen und Politiker aller Parteien versprachen (erneut) Reformen – die dann aber (erneut) Lippenbekenntnisse blieben. Stattdessen handelte die Berliner Krankenhausbewegung (erneut) selbst und gewann.

Das ist in mehrfacher Hinsicht spektakulär. Zunächst, weil es bis vor wenigen Jahren gar nicht denkbar war, dass Pflegekräfte streiken könnten. Ein Krankenhaus ist keine Fabrik. Patientinnen und Patienten könne man nicht im Stich lassen wie ein Produktionsband. Die moralische Verantwortung der Care-Arbeiter*innen würde das verhindern. Krankheiten, Notfälle, Operationen, Pflege, Neugeborene, Therapien – all das lässt sich nicht einfach absagen. Spektakulär auch, weil hier die Beschäftigten quer durch alle Berufsgruppen gemeinsam kämpfen. Das sind also nicht nur die Pflegekräfte, sondern auch Angestellte der therapeutischen Berufe, Hebammen, Krankentransportpersonal, also alle Bereiche, die unter den Tarifvertrag fallen können: »Bei Vivantes fordern wir außerdem, dass auch die outgesourcten Töchter nach TVöD bezahlt werden. Bereits seit 2019 tauschen wir uns aus«, berichtet David Wetzel, der als Gesundheits- und Krankenpfleger auf der onkologischen Station der Charité arbeitet, dort in der Betriebsgruppe von Verdi aktiv ist sowie im Koordinierungskreis, kurz Ko-Kreis der Berliner Krankenhausbewegung. Bemerkenswert sind auch die Forderungen der Beschäftigten: »Wir haben eine verbindliche Personalbesetzung sowie einen Belastungsausgleich gefordert, darüber hinaus eine bessere Ausbildungsqualität sowie einen einheitlichen Entlastungstarifvertrag für alle.«

Schon lange vor den Streiks gab es zahlreiche Petitionen und Protestaktionen, um auf die Missstände im Gesundheitswesen aufmerksam zu machen. Die Gesetzgeber sind jedoch ihrer Pflicht, eine gute Krankenhausversorgung zu garantieren, nicht nachgekommen. Eine reale Verbesserung der Arbeitsbedingungen blieb aus, die von der großen Koalition 2019 beschlossenen und 2021 reformierten Pflegepersonaluntergrenzen wurden so gut wie nicht Realität. Verdi kritisiert, dass sie nur für wenige Krankenhausbereiche eingeführt wurden und auch nicht verbindlich umgesetzt werden.

Auf ungenügende Reformen, den Pflegenotstand und die Lippenbekenntnisse der Politiker*innen reagierte die Berliner Krankenhausbewegung mit einem Arbeitskampf, den sie zehn Monate vorbereitete. Wie gut die Gesundheitsarbeiter organisiert sind, konnten sie bereits im Frühjahr unter Beweis stellen. Bereits 120 Tage vor dem Streik, am 12. Mai 2021, übergaben 500 Aktive der Berliner Landesregierung eine Mehrheitspetition: 8400 Beschäftigte, die Mehrheit bei Vivantes und Charité, haben nicht nur die Forderungen unterschrieben, sondern stellten sich im Mai bereits hinter den Plan, am Ende der

Frist gegebenenfalls zu streiken. Der Motor dieser Kämpfe ist die jahrelange Organisierungspraxis. Die Mehrheitspetition ist eines der Arbeitskampfwerkzeuge, die die US-amerikanische Organizerin Jane McAlevey als Stärketests bezeichnet.

»Organizing« ist hierzulande seit einiger Zeit zum Buzzword geworden, das tatsächlich die wenig extravagante Form von Arbeitskämpfen bezeichnet, die in manchen US-amerikanischen Gewerkschaften seit fast hundert Jahren praktiziert wird. Jane McAlevey erklärt ihren Ansatz so: »Beim Organisieren geht es darum, reale Macht langfristig aufzubauen. Es geht darum zu gewinnen. Ich habe das Organisieren bei Leuten gelernt, denen es wiederum von Gewerkschaftsorganizerinnen der 1930er beigebracht wurde. Die waren Mitglieder der CIO, der radikaleren der beiden großen Industriegewerkschaften in den 1930ern. Diese Gewerkschaft hatte damals viele Mitglieder, viel Macht und Einfluss. Die sind strategisch vorgegangen. Sie haben sich notiert, wo viele Menschen arbeiten, wen sie schon erreicht haben und wen nicht. Dann sind sie die Fabriken durchgegangen, Etage für Etage, Büro für Büro, Abteilung für Abteilung, bis der Letzte überzeugt war, bis es eine maximale Beteiligung an den Streiks gab.«[1]

Diesen Ansatz, reale Macht aufzubauen statt auf Repräsentation und kurzfristige, wenn auch vielleicht spektakuläre Mobilisierungen zu setzen, gibt sie in ihren (Online-)Schulungen weiter, die auch von Aktiven der Berliner Krankenhausbewegung besucht wurden: Station für Station haben die Aktiven der Krankenhausbewegung organisiert, die Mehrheitspetition – genauso wie eine später überreichte Fotopetition – ist der Stärketest, der sowohl dem Arbeitgeber als auch den Beschäftigten nach innen zeigt: Du bist nicht allein, wir sind eine Mehrheit, die bereit ist, zu kämpfen und auch zu streiken. Ein Schritt dorthin sind die organisierenden Einzelgespräche, erklärt Wetzel: »Wir konnten unseren Kollegen klarmachen, dass wir ein konkretes Angebot machen können, damit sie ihre Wut kanalisieren und in etwas Produktives umwandeln können. Wir können zusammen kämpfen und haben einen Plan. Viele Kollegen sind wütend. Für sie kam die Berliner Krankenhausbewegung gerade zum richtigen Zeitpunkt.« Möglichkeiten zur Organisierung und konkrete Handlungsoptionen bieten einen Ausweg aus dem Alltagsfrust und erlauben es, Politikerinnen und Politikern mit Stärke und konkreten Forderungen gegenüberzutreten. »Es selbst in die Hand nehmen«, beschreibt Wetzel diesen Ansatz. »Wir haben in elf Krankenhäusern Strukturen aufgebaut, die streikfähig und durchsetzungsstark sind, und zwar über die Berufsgruppen hinweg, von den examinierten Pflegekräften, den Auszubildenden bis hin zu Kollegen, die im Labor arbeiten.«

»Seit wir vor einem Jahr mit dem Organisieren begonnen haben, sind 2200 Kollegen der Gewerkschaft neu beigetreten. Das wird uns auch in Zukunft enorm den Rücken stärken.« Verdi musste sich genau wie die Gesundheitsarbeiter selbst allerdings erst für diese Methoden und Kämpfe öffnen. »Es gibt mittlerweile eine große Bereitschaft bei der Gewerkschaft, diese Auseinandersetzungen zu führen, und eine Aufgeschlossenheit gegenüber neuen Methoden wie dem Organizing«, erzählt Wetzel. »Verdi kann gerade gar nicht anders, als sich dem sehr stark zuzuwenden.«

Das ist auch das Ergebnis eines Machtkampfes innerhalb der Gewerkschaft. Lange Zeit wollte sie Tarifkämpfe aussparen und strebte stattdessen eine Gesetzesänderung ohne aktive Beteiligung der Beschäftigten an. Nachdem dieser Konflikt weitestgehend ausgefochten war, begann das mitunter mühsame Überzeugen der Kolleg*innen vor Ort, dass sich Kämpfen lohnen kann. »Es ist mittlerweile allen aktiven Teilen der Berliner Krankenhausbewegung

klar, dass der Motor der gesellschaftlichen Verän-
derungen die Gewerkschaft ist.« Aber eben vor allem, weil sich die Gewerkschaft selbst geändert hat,
erklärt Wetzel: »Die Ehrenamtlichen sind bei den
Gesundheitsarbeitern gegenüber den Hauptamtlichen in einer starken Position. Mittlerweile wissen
wir auch, dass, wenn wir bei Hauptamtlichen mit
unseren Ideen auf Granit beißen, diese Idee nicht
automatisch begraben ist. Das ist in manchen anderen Verdi-Fachbereichen nicht der Fall.«

Unterstützung kam außerdem von außen: Die
gewerkschaftsnahe Agentur »Organiz.ing« hat sich
auf die namensgebenden Methoden spezialisiert,
entwirft spezielle Kampagnen und hat die kämpfenden Krankenhausbeschäftigten schon öfter bei
Telefonaktionen und großen Mobilisierungen unterstützt. Bevor sich die Krankenhausarbeiter reale
Organisationsmacht aufgebaut haben, blieben sie in
der Rolle der Bittsteller.

Im Koalitionsvertrag der rot-rot-grünen Landesregierung von 2016 waren die Investitionen in die
kommunalen Berliner Krankenhäuser vereinbart
worden. Die Akzeptanz und Unterstützung für die
Anliegen der Gesundheitsarbeiter*innen ist seit
Beginn der Coronakrise in der Bevölkerung enorm
gewachsen, die Medien berichteten so oft wie nie

über die Missstände in der Pflege. Der Zeitpunkt des 100-tägigen Ultimatums war zudem strategisch gut gewählt: Schon 2019 hatten in Jena die Beschäftigten des Uniklinikums die Landesregierung in den Wochen des Thüringer Wahlkampfs unter Druck gesetzt, sodass diese im Tarifkampf einlenken musste. Auch in Berlin fiel die Wahl des Abgeordnetenhauses in den Zeitraum des Arbeitskampfes. Bestreikt wurde auch hier ein öffentlicher Träger, und mit Michael Müller (SPD) saß außerdem der Regierende Bürgermeister im Aufsichtsrat der Charité. Warum waren die Arbeitskämpfe trotzdem so lang und zäh? »Es gab politische Entscheidungsträger, die unseren Forderungen mit Lippenbekenntnissen zugestimmt haben, sich dann aber nicht aktiv für eine Umsetzung eingesetzt haben«, erklärt Wetzel. »Die Geschäftsführungen haben sicher auch darauf spekuliert, dass uns die Luft ausgeht. Sie haben unsere Organisierung, unserer Durchhaltevermögen und den Rückhalt, den wir in der Bevölkerung haben, unterschätzt.«

Diese Organisierungsmacht wurde bald erneut unter Beweis gestellt: Nach dem Ende des Ultimatums und einem Warnstreik Ende August 2021 leitete Verdi die Urabstimmung für einen unbefristeten Streik ein. Am 6. September 2021 gab die Gewerkschaft bekannt, dass an der Charité 97,85 Prozent, bei Vivantes 98,45 Prozent und in den Tochterunternehmen 98,82 Prozent der gewerkschaftlich organisierten Beschäftigten für den Arbeitskampf gestimmt hatten. Am 9. September 2021 trat die Berliner Krankenhausbewegung in den Streik. Als sie einen Monat später, am 9. Oktober 2021, unter dem Motto »Wir retten euch – Wer rettet uns?« mit mehreren Tausend Unterstützern in Berlin demonstrierten, drückten dort die ebenfalls streikenden Kuriere des Gorilla-Lieferdienstes und Aktive des Volksentscheids *Deutsche Wohnen & Co enteignen*, die soeben den berlinweiten Volksentscheid zur Vergesellschaftung großer, privater Wohnungsunternehmen gewonnen hatten, ihre Solidarität aus.

Dass bei all diesen Voraussetzungen die Kämpfe trotzdem hart und lang waren, liegt nicht nur an einer dickköpfigen Unternehmensführung oder am Versagen einzelner Politiker, sondern an der Logik der Ökonomisierung des Gesundheitswesens, die mit Ursache für die Belastungen der Gesundheitsarbeiter*innen und die schlechte Versorgung ist. Im Durchschnitt muss eine Pflegekraft in deutschen Krankenhäusern 10,3 Patienten versorgen. Damit ist das deutsche Gesundheitssystem europäisches Schlusslicht. Wesentlicher Baustein der Krankenhausfinanzierung ist das Fallpauschalen-system. Behandlungen werden seit 2003 über feste Fallpauschalen vergütet, Englisch: Diagnosis Related Groups (DRGs), die knapp bemessen sind und die Krankenhäuser unter Kostendruck setzen. Die Fallpauschalen werden aus den Durchschnittskosten der Krankenhäuser errechnet, aus denen dann der Personaleinsatz abgeleitet wird. Die Frage danach, wie Pflege überhaupt aussehen soll und könnte, wird damit verunmöglicht. Stattdessen wird jede Ausgabe, die über diesen Durchschnittskosten liegt, zum Problem, da das Krankenhaus dann nicht die gewünschten Profite oder mindestens die schwarze Null erwirtschaftet. Da Personalkosten der größte Posten ist, sparen die Unternehmensführungen meist dort, also am Pflegepersonal und den Servicebeschäftigten. Letztere sind sowohl bei Vivantes als auch der Charité zum Zwecke der Ausgliederung aus den Tarifverträgen in privatisierte Töchter outgesourct worden.

Outsourcing, zusammengekürzte Dienstpläne und Fallpauschalen sind direkte Folgen der Ökonomisierung des Gesundheitswesens. Mit dem Siegeszug des Neoliberalismus wurden ab Mitte der 1990er die Fallpauschalen eingeführt, begleitet von massivem Stellenabbau im Pflegebereich. Zwischen 1997 und

2007 wurden 48.000 Stellen abgebaut, das sind 15 Prozent des gesamten Pflegedienstes der Krankenhäuser.[2] Gebäudereinigung, Küche, Krankentransport und Wäschereien wurden ausgegliedert und privatisiert. Über die Fallpauschalen werden medizinische Behandlungen vergütet, die von Ärzt*innen erbracht werden. In welchem Maß Pfleger*innen daran beteiligt sind, wird nicht berücksichtigt. Also ist ihre Arbeit nicht »erlösrelevant«.

Gegen diese als Sachzwänge erscheinende Austeritätspolitik kämpfen die Krankenhausbeschäftigten seit mindestens 2008. Bereits damals demonstrierten in Berlin 130.000 Krankenhausbeschäftigte und ihre Unterstützer gegen die Sparmaßnahmen und für bessere Arbeitsbedingungen. Zudem überreichten sie der damaligen Gesundheitsministerin Ulla Schmidt (SPD) 185.000 Unterschriften. Ab 2010 wurden in der Verdi-Betriebsgruppe an der Berliner Charité zwei wegweisende Werkzeuge entwickelt: Einerseits wurde der Fokus stärker auf Personalbemessung in Tarifvertragsverhandlungen gelegt, gleichzeitig wurde das Konzept des Betten- und Stationsschließungsstreiks entwickelt. 2011 wurde er das erste Mal erprobt: Fünf Tage wurden große Teile der Charité bestreikt. 90 Prozent der Operationen mussten ausfallen, die Charité erlitt finanzielle Verluste. »Alles, was verschiebbar ist oder wir absagen können, wird runtergefahren. Es werden noch Notfälle versorgt, aber der restliche Krankenhausbetrieb wird heruntergefahren«, erklärt Wetzel das Prinzip. Vorab meldet die Gewerkschaft dem Arbeitgeber die Betten und Stationen, die wegen des Streiks geschlossen werden müssen. Die Verantwortung liegt dann beim Arbeitgeber. Die Krankenhausbeschäftigten haben so einen Hebel zu streiken, ohne den moralischen Druck, sie würden »ihre Patienten im Stich lassen, den viele von uns fühlen«, erklärt Wetzel. Gleichzeitig treffen sie die Unternehmensführung des Krankenhauses dort, wo es wehtut.

Der erste »Tarifvertrag Entlastung« wurde vier Jahre später von den Beschäftigten der Charité erkämpft, nachdem elf Tage lang 20 Stationen und 1000 Betten bestreikt worden waren. »Dieser Tarifvertrag war ein Meilenstein, weil er die Forderung nach mehr Personal und Entlastung tarifierbar gemacht hat«, berichtet Wetzel. Tatsächlich wurde der Tarifvertrag eine Blaupause für weitere Verträge dieser Art in Kliniken in ganz Deutschland: »17 Kliniken haben sich bundesweit dieser Idee angeschlossen, haben unsere Ideen aufgegriffen und verbessert«, so Wetzel. Auf den Tarifverträgen der

Unikliniken Jena und Mainz baut jetzt wiederum der aktuelle in Berlin auf.

In der Bundeshauptstadt hatten die Pflegearbeiter*innen in der Zwischenzeit festgestellt, dass der 2015 abgeschlossene Tarifvertrag keine Verfahren enthielt, die für die einzelnen Beschäftigten Be- und Entlastung regeln. Für dieses Problem haben ihre Kolleg*innen in Mainz und Jena den individuellen Belastungsausgleich eingeführt, der sich praktisch umsetzen lässt. Wetzel: »Werden die Schichten nicht entsprechend besetzt, sammeln die Beschäftigten Belastungspunkte. Bei einer bestimmten Anzahl von Belastungspunkten wird ihnen im übernächsten Dienstplan eine Freischicht eingetragen. Sie können sich den Betrag aber auch auszahlen oder auf ein Arbeitszeitkonto einzahlen lassen.« Dieses Ausgleichsverfahren wurde im Oktober 2019 am Universitätsklinikum Jena sowie im Dezember 2020 in der Universitätsmedizin Mainz in den jeweiligen mit Verdi abgeschlossenen »Tarifvertrag Entlastung« aufgenommen.

Der »Tarifvertrag Entlastung« ist ein Modell, um Leistungsdruck und individuelle Belastung möglichst zu verobjektivieren und zu kollektivieren, also sowohl dem individuellen Ausbrennen als auch den individualisierten Mikrokämpfen von Beschäftigten und Betriebsräten entgegenzuwirken. Ein wichtiger Schlüssel dabei ist die Personalbemessungsregel. Doch wie viel Personal ist genug Personal? Und welches Personal? Dabei ist es genauso relevant, die Krankheiten nach Betreuungsintensität aufzuschlüsseln wie den Ausbildungsgrad der Beschäftigten, hinzu kommen weitere Faktoren betrieblicher Abläufe. Die Beschäftigten forderten deshalb, sie selbst sollen diejenigen sein, die die Personalbemessung festlegen. Detaillierte Erfassung von Arbeitsschritten und -abläufen war bisher ein Mittel der Unternehmen, um Profite zu steigern. Nun sollte der Spieß umgedreht werden.

In Berlin lenkte nach über einem Monat Streik erst die Geschäftsführung der Charité, dann die von Vivantes ein. Bis zum 30. November 2021 soll der »Tarifvertrag Entlastung« ausgearbeitet werden und zum 1. Januar 2022 in Kraft treten. Die Streiks wurden ausgesetzt. Der Streik der Vivantes-Töchter dauert allerdings an: »Die Kollegen streiken weiterhin unvermindert stark für eine angemessene Bezahlung, und es bewegt sich auch etwas am Verhandlungstisch«, beschreibt Wetzel die Situation. »Aber allen Entscheidungsträgern muss klar sein: »Wir sind als eine Bewegung gestartet und werden weiterhin gemeinsam kämpfen und Druck auf die

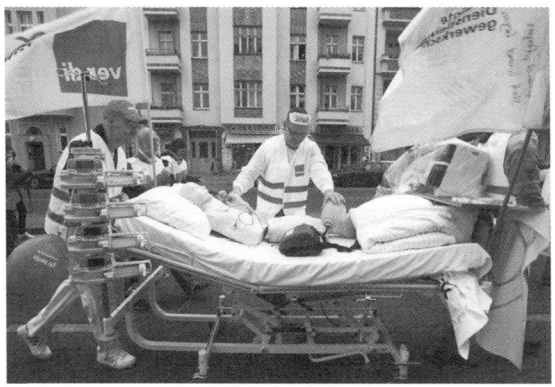

Streik an der Berliner Charité, Mai 2021

Politik machen, bis auch dieser Teil der Berliner Krankenhausbewegung erfolgreich ist.« Für ihn ist der Kampf auch nach einem erfolgreichen Tarifabschluss nicht beendet: »Wir werden auch für die Einhaltung des Tarifvertrags weiterkämpfen.«

Den größeren Kampf nimmt die Bewegung bereits in den Blick: »Wir sind jetzt mit vielen Krankenhäusern im Kontakt, um den Kampf um Entlastung an anderer Stelle weiterzuführen, wir werden aber auch unseren Kampf gegen die Ökonomisierung in den Krankenhäusern generell fortsetzen.« Trotz des bitteren Beigeschmacks, dass die Töchterunternehmen noch weiterstreiken müssen, hat der fast einjährige Kampf der Berliner Krankenhausbewegung Signalwirkungen: Wenn Charité und Vivantes Tausende neue Pflegekräfte einstellen müssen, verbessern sich nicht nur die Arbeitsbedingungen in diesen Häusern, auch die konkurrierenden Krankenhäuser müssen reagieren. Die Krankenhausbewegung hat außerdem gezeigt, wie man gemeinsam und organisiert Macht gegen ökonomischen Druck und Privatisierungen aufbauen und Forderungen durchsetzen kann. In Berlin wurde ein Arbeitskampf gegen die Austerität geführt und gewonnen. Die Ergebnisse werden sich nicht nur an anderen Krankenhäusern, sondern in vielen kommenden (Arbeits-) Kämpfen zeigen.

Anmerkungen

1 Scholz, Nina (2019): »Wir können Amazon schlagen!« In: die tageszeitung, 17.3.2019, https://taz.de [15.1.2022].
2 Latza, Jan/Weinberg, Harald (2021): Pflegenotstand, Ökonomisierung und Widerstand – Klassenkämpfe in der Krankenpflege. In: Z. Zeitschrift Marxistische Erneuerung, 15.3.2021, www.linksnet.de/artikel/48166 [14.1.2022].

Dieses Kapitel ist eine leicht überarbeite Fassung des Beitrags »Mit harten Bandagen« in der *Jungen Welt* vom 20.10.2021.

Vom Protest zur Enteignung?

Der *Deutsche Wohnen*-Volksentscheid und sein kompliziertes Verhältnis zu Mieter*innenkämpfen

Am Sonntag, den 26. September 2021 stimmten 1.035.950 Berliner*innen dafür, Immobilienkonzerne, die mehr als 3000 Wohnungen besitzen, zu enteignen und die Häuser zu vergesellschaften. Damit haben 57,6 Prozent der wählenden Stadtbewohner*innen auch gegen den seit Ende des letzten Jahrhunderts anhaltenden Trend zum Neoliberalismus, zur Privatisierung und zur Herrschaft der Konzerne gestimmt. Organisiert wurde dieser Volksentscheid von der basisdemokratischen Initiative *Deutsche Wohnen & Co enteignen*, die im Winter 2017/2018 von wenigen Leuten gestartet wurde und zu ihrem Höhepunkt im Frühjahr/Sommer 2021 etwa 2000 bis 3000 Aktive hatte. Die (Selbst-)Organisierung von Mieter*innen, die in Häusern im Besitz der Deutsche Wohnen leben, seit mindestens 2007 hat diesen Volksentscheid möglich gemacht. Die Auseinandersetzungen und Kämpfe der Betroffenen haben die Machenschaften der Konzerne ans

Licht gebracht. Das Image von Deutsche Wohnen und Co. wurde erst durch sie öffentlichkeitswirksam nachhaltig geschädigt, sodass eine vermeintlich radikale Forderung wie Enteignung mehrheitsfähig werden konnte. Organisierungshandwerk hat in der Initiative einen wichtigen Teil der Arbeit und des Machtaufbaus ausgemacht. Die Kämpfe und Nöte der Mieter*innen machten den Volksentscheid erst möglich, sie bildeten sich in den vier Kampagnenjahren bis zur berlinweiten Abstimmung aber nicht immer ab. Auf dem Höhepunkt der Kampagne war die Vielfalt dieser Kämpfe kaum noch sichtbar. Stattdessen entstand das Bild eines Protestes, der überwiegend von jungen Aktivist*innen getragen wurde. *Deutsche Wohnen & Co enteignen* hat in der Zeit bis zum Volksentscheid im September 2021 eine Perspektive geboten, aus den erschöpfenden Kämpfen gegen Vermieter*innen herauszutreten: Die Eigentums- und Besitzfrage wurde gestellt und ein weitaus größerer Horizont angeboten, als Abwehrkämpfe es vermochten. Doch je breiter die Kampagne getragen wurde, desto kleiner wurde auch die Rolle, die der aktive Widerstand der Mieter*innen gegen ihre Vermieter spielte, desto mehr traten ihre akuten Kämpfe in den Hintergrund. Warum das für eine Weile vielleicht Sinn gemacht hat – und warum sich das jetzt wieder ändern muss, möchte ich im Folgenden erklären, genauso wie das komplizierte Verhältnis zwischen Mieter*innen-Organisierung und Kampagnenarbeit.

Ich selbst schreibe dieses Kapitel aber nicht als eine die Kämpfe begleitende Journalistin, sondern als ehemalige Aktivistin der Mieter*innen-Initiative *Kotti & Co* und des *MiPoDW*, einer Vernetzung von Deutsche-Wohnen-Mieter*innen, um die es im Folgenden immer wieder gehen wird, sowie als immer noch aktives Mitglied von *Deutsche Wohnen & Co enteignen* und dort der Starthilfe AG. Es handelt sich also im Folgenden um meine persönlichen Einschätzungen, wo wir erfolgreich waren und wo nicht, wo wir also in Zukunft noch nachbessern müssen. Vieles davon ist aber das Ergebnis von Gesprächen, nicht nur, aber vor allem mit meinen etlichen klugen Mistreiter*innen – und auch denen, die die Kampagne immer wieder von außen kritisiert haben.

*

Dieser Volksentscheid hätte wohl in keiner anderen Stadt als Berlin und in kaum einem anderen Land als Deutschland stattfinden können. In keinem anderen europäischen Land wohnen mehr Menschen zur Miete. »Nach den Angaben des europäischen Statistikamtes Eurostat leben 47,5 Prozent der Deutschen in einer Mietwohnung, während es im EU-Durchschnitt nur 29,9 Prozent sind«[1], meldet die FAZ. Und Berlin ist die Hauptstadt der Mieter*innen. 85 Prozent des Wohnungsbestandes sind Mietwohnungen, so schätzte es 2019 der Senat[2]. Zudem blickt die Stadt auf eine mindestens 150-jährige vitale Geschichte der Mieter*innenkämpfe zurück. Schon zur Kaiserzeit gab es Straßenkämpfe wie die Blumenstraßenkrawalle von 1872, jeweils ausgelöst von Zwangsräumungen in den damaligen Elendsquartieren. Zur Zeit der Weimarer Republik gab es Mietstreiks, Mietervereine wurden ins Leben gerufen, und die Sozialisierung des Wohnraums wurde zu einer gängigen Forderung. Nach dem Zweiten Weltkrieg ging es in West-Berlin vor allem darum, die Abrisssanierung ganzer Quartiere zu verhindern, später kamen die Kämpfe migrantischer Mieter*innen sowie Stadtteilorganisierungen im sogenannten sozialen Wohnungsbau hinzu. In Ost-Berlin gab es zwar dank eines spektakulären staatlichen, Jahrzehnte andauernden Bauprojekts eine flächendeckende Versorgung mit Wohnraum. Doch auch hier formierte sich Protest gegen den Abriss von Altbauten, bereits zu DDR-Zeiten in den 1980er Jahren, doch auch nach 1990 auf dem nun zur BRD gehörenden Stadtgebiet, woraus spek-

Kampagnenplakat von *Deutsche Wohnen & Co enteignen*

takuläre Besetzungen und später Räumungen wie zum Beispiel in der Mainzer Straße in Friedrichshain resultierten. Die heute in Berlin geflügelte Parole der Mieter*innen-Bewegung »Wir bleiben alle!« wurde in den 1980er Jahren in Ost-Berlin geboren.[3]

Heute hört man auf Demonstrationen und Protestkundgebungen weitaus öfter die Parole »Keine Profite mit unserer Miete«. Das ist als Reaktion auf die Entwicklungen auf dem Berliner Mietenmarkt seit der Jahrtausendwende zu verstehen. Nach der Finanzkrise und Eurokrise kam es ab etwa 2010 zu Wohnungs- und Verdrängungsnot ungeahnten Ausmaßes auch in Berlin, das bis dahin noch für günstige Mieten und Leerstand bekannt war. Das ist vor allem dem Auftreten von börsennotierten Unternehmen wie Akelius, Covivio, Vonovia, Ado bzw. Adler Group und anderen geschuldet. Exemplarisch für diese Entwicklung ist die Deutsche Wohnen SE, die Ende der 1990er von der Deutschen Bank AG gegründet wurde, um ehemaligen sozialen Wohnungsbau privat vermieten zu können. »Die Entstehung verdankt die Deutsche Wohnen SE [...] weitgehend einem neoliberal intendierten Verkauf von öffentlichem Eigentum – also einer Entstaatlichung«[4], analysiert der Ökonom Heinz-Josef Bontrup 2018. »Verkäufe von Werkswohnungen durch den Chemiekonzern Hoechst AG und der ›Heimstätte‹ des Landes Rheinland-Pfalz an die Deutsche Bank waren 1996 der Gründungsakt für den heutigen Immobilienkonzern mit Sitz in Frankfurt am Main. Zukäufe der Berliner staatlichen Wohnungsbaugesellschaften, Gehag GmbH, und der Gemeinnützigen Siedlungs- und Wohnungsbaugesellschaft, GSW, kamen später hinzu.«[5] Sozialen Wohnungsbau aus den letzten hundert Jahren zu erwerben gehört zur Geschäftsstrategie, auch weil das Unternehmen dort die größten Gewinnspannen oder Spekulationspreise erwartet. 2019 belief sich der Bestand der Deutsche Wohnen auf 161.000 Wohneinheiten. Privatwirtschaftliche Vermieter sind keine neue Erscheinung, Aktiengesellschaften, die ihre Profite im großen Stil mit Mieten erwirtschaften, aber sehr wohl. Der Ertrag zu Lasten der Mieter*innen ist groß: »Von 2013 bis 2017 wurden Gewinne in Höhe von 915,6 Millionen an die Eigentümer ausgeschüttet«[6], sagt Bontrup weiter und liefert auch gleich den Grund für das Wachstum in diesem Bereich mit: »Die Vermögenden stehen nach dem Zusammenbruch der Finanzmärkte im Jahr 2007, und in Folge niedriger Zinsen, unter einem hohen Anlagedruck. Sie müssen ihr Geld, das sie in der Krise nicht verloren haben, weiter rentierlich anlegen. Hier bietet ihnen allgemein der Immobilienmarkt einen sicheren ›Flucht-Hafen‹«.[7]

Die Folgen davon spüren die Berliner Mieter*innen – und reagieren. Ab 2007 gründen sich erste Initiativen gegen die Deutsche Wohnen, zum Beispiel in der Waldsiedlung im bürgerlichen, wohlhabenden Zehlendorf, die typisch für den Bestand des Unternehmens ist: Die Anlage wurde von 1926 bis 1931 nach Plänen der Bauhaus-Architekten Bruno Taut, Hugo Häring und Otto Rudolf Salvisberg als sozialer Wohnungsbau errichtet. Schon 2007 wandte sich die Mieter*inneninitiative in einem offenen Brief an den damaligen Bundespräsidenten Horst Köhler. »Die Gehag (das Etikett stand einmal für ›Gemeinnützige Heimstätten AG‹) wurde als erste städtische Gesellschaft bereits 1998 privatisiert, ohne Abschluss einer Sozialcharta für die Mieter.«[8] Die in der Siedlung aufgewachsene Barbara von Boroviczeny berichtet in dem Brief, was die Privatisierung des Bestands für die Mieter*innenschaft bedeutete: »Seit fast zwei Jahren befinden wir uns in einer psychischen Ausnahmesituation. Es ist nicht nur die Furcht vor den physischen und finanziellen Belastungen, viel größer noch ist eine existenzielle Angst, eine allgemeine Verunsicherung, die krank macht. Denn unsere soziale Basis – die Wohnung und ihr Umfeld – wird ohne Rücksicht auf die Bewohner zum Handelsobjekt.«[9]

Die bis heute bekannteste und auch richtungsweisende Mieter*innen-Initiative ist die Mietergemeinschaft *Kotti & Co* am Kottbusser Tor in Kreuzberg, wo sich eine der größten Sozialbausiedlungen der Stadt befindet. Hier leben unter anderem viele ehemalige Arbeitsmigrant*innen aus der Türkei. Als die Mauer noch stand, lag der Kotti am unattraktiven Stadtrand West-Berlins; mit dem Ende der DDR, der Vereinigung beider Berlins und der darauf bald folgenden (Immobilien-)Aufwertung befand er sich auf einmal im Herzen der Stadt. *Kotti & Co* gründete sich 2011, um gegen die steigenden Mieten im Sozialen Wohnungsbau zu protestieren. 2012 errichtete die Initiative über Nacht ein Gecekondu[10] am südlichen Kottbusser Tor, das bis heute aktiv genutzt wird und später auch zu einem zentralen Treffpunkt der Volksentscheidskampagne wurde. Einerseits ist die Besetzung am Kotti, ähnlich wie zeitgleiche Aktionen an der Puerta del Sol in Madrid und am Syntagma-Platz in Athen, im Rahmen der Proteste gegen die Folgen der Eurokrise 2011/2012 zu verstehen. Andererseits richtete sie sich im Unterschied zu anderen Besetzungen nicht an politisch Gleichgesinnte, die an einem öffentlichen Platz zusammenkommen sollen, sondern an die Menschen, die dort leben. Um die Nachbar*innen zu diesen Versammlungen einzuladen, kamen damals bereits Techniken des *Organizings*, etwa Haustürgespräche, zum Einsatz, bei denen bereits Aktive an den Haustüren ihrer Nachbar*innen klingeln, um sie zum Beispiel zu einer Mieter*innenversammlung einzuladen. Am 12. Dezember 2013 wurde auf einer dieser Versammlungen die Übernahme der ehemals städtischen GSW, eines der großen Vermieter am Kottbusser Tor, durch die Deutsche Wohnen thematisiert. Die Fragen waren: »Wer ist die ›Deutsche Wohnen‹, und welche mittelfristigen Folgen hat diese renditeorientierte Übernahme für die 8.000 GSW/DW-Wohnungen in Kreuzberg/Friedrichshain?«, aber auch: »Wieso wäre es sozial- und stadtpolitisch sinnvoller, ehemalige Sozialwohnungen zurückzukaufen und mit Mieter_innenbeteiligung zu rekommunalisieren und wie wäre das möglich?« Es ist also wenig überraschend, dass aus den Reihen von *Kotti & Co* bereits 2016 im Rahmen der Kampagne *Wir wollen unsere Häuser zurück* die Forderung nach Enteignung laut wurde, die zu diesem Zeitpunkt aber noch verhallte.[11] Im gleichen Jahr gab es aus ihren Reihen außerdem Versuche, verschiedene Mieter*innen-Initiativen aus Deutsche-Wohnen-Häusern zu vernetzen.

So richtig nahm das Ganze erst ein Jahr später Fahrt auf, als die Mieter*innen-Initiative Boss&U aus der Kreuzberger Otto-Suhr-Siedlung, der Siedlung mit dem niedrigsten Durchschnittseinkommen

Berlins, einen erneuten Anlauf startete. Einmal im
Monat samstags trafen sich fortan Mieter*innen der
Deutsche Wohnen aus ganz Berlin, Jung und Alt,
um Protestaktionen zu planen und sich auszutauschen, wie man sich am besten gegen die Deutsche
Wohnen wehrt. Themen waren unter anderem die
undurchsichtigen und zu hohen Betriebskosten, die
energetische Modernisierung und andere Verdrän-
gungs- und Profitstrategien. In einer Presseerklärung
hieß es: »Im Jahr 2016 hat das Unternehmen mit
1,2 Mrd Gewinn ›das beste Jahresergebnis der Un-
ternehmensgeschichte‹ eingefahren. Was Manager
und Aktionäre freut, bedeutet für uns Mieterinnen
und Mieter der Deutschen Wohnen Mieterhöhungen, Luxus-Modernisierung, Verkauf, Abriss unserer
Wohnungen – also Verdrängung oder immer weniger
Geld zum Leben nach der Miete. In der Kreuzberger
Otto-Suhr-Siedlung will die Deutsche Wohnen die
Altmieter*innen durch energetische Modernisierung
wegdämmen. Auch in Pankow saniert sie ›energe-
tisch‹ mit 2 Euro Energieeinsparung und 300 Euro
Mieterhöhung. In Lichtenberg will die Deutsche
Wohnen die Miete durch Modernisierung fast ver-
dreifachen. Am Kottbusser Tor kauft sie sich vorzei-
tig aus den Bindungen des Sozialen Wohnungsbaus
und nimmt doppelt so hohe Betriebskosten wie im

Berliner Durchschnitt. In Zehlendorf wandelt sie Wohnungen in Eigentumswohnungen um, die wir nie im Leben kaufen könnten. Im Westend reißt sie Häuser ab, um sie durch Luxus-Neubauten zu ersetzen. Wir Mieterinnen und Mieter der Deutsche Wohnen AG lassen uns die Mietpreistreiberei nicht länger gefallen und haben uns zusammengeschlossen.«

Ein bedeutender Höhepunkt der Proteste war die ungefähr 200 Personen starke Kundgebung vor der Zentrale der Deutsche Wohnen SE in Berlin-Wilmersdorf am 2. Juni 2017. An diesem Tag fand in Frankfurt am Main die alljährliche Aktionärs-Hauptversammlung der DW statt, wo den Aktionär*innen verkündet wurde, dass ihre Dividende erneut um 37 Prozent steige. Sogar die *B.Z.* des Springer-Verlags titelte: »Sanierungsstau, Schimmel, hohe Betriebskosten: diesen Mietern reicht's«, und gab Mieter*innen aus den Ortsteilen Kreuzberg, Charlottenburg, Tegel, Zehlendorf und Wilmersdorf reichlich Platz für ihren Ärger. Und die stellten den Zusammenhang zwischen den steigenden Profiten der Aktionär*innen, ihren Verdrängungsängsten, den steigenden Mieten und den maroden Wohnungen klar her. Zwar griff nicht jeder Pressebericht diesen Zusammenhang auf, aber ab dem Sommer 2017 war die Deutsche Wohnen Berlins nicht nur bekanntester und größter, sondern auch unbeliebtester Vermieter. Gleichzeitig zeigten die zähen Kämpfe der einzelnen Mieter*innen-Initiativen auch, dass sie selbst bei punktuellem Erfolg langfristig nicht gegen die Verwertungsstrategien der Immobilienunternehmen helfen werden.

Um aus diesen Abwehrkämpfen dauerhaft herauszufinden, wollten einige Aktivist*innen die Enteignungsforderung von *Kotti & Co* wieder aufgreifen. Ende 2017 fand in Kreuzberg deshalb ein Treffen von *Kotti & Co*, der Mieter*innen-Initiative der Otto-Suhr-Siedlung (Boss&U), ehemaligen Aktiven des Mietenvolksentscheids[12] von 2015 sowie Mitgliedern der Stadt-AG der Berliner Gruppe der Interventionistischen Linken statt. Sie sprachen darüber, ob es Sinn mache, einen Volksentscheid zur Enteignung und Vergesellschaftung großer, privatwirtschaftlicher Vermieter anzustreben. Der Zeitpunkt schien richtig gewählt: Mieter*innen-Kämpfe fanden mittlerweile weit über die linke Szene hinaus statt, der Druck auf Mieter*innen würde in den nächsten Jahren noch erheblich zunehmen, gleichzeitig war seit dem 8. Dezember 2016 eine rot-rot-grüne Landesregierung im Amt, auf die man, im Vergleich zu einer konservativ-liberalen Regierung, aus der Mieter*innenbewegung heraus immerhin etwas leichter Druck ausüben könnte. Nach langen Diskussionen entschloss sich die Initiative außerdem dazu, sich auf die Anwendung des Artikels 15 im Grundgesetz zu berufen, dem zufolge »Grund und Boden, Naturschätze und Produktionsmittel« in Gemeineigentum überführt werden könnten. Vergesellschaftet werden sollten also nicht die Unternehmen selbst, sondern deren Grundstücke und Gebäude. Neue Eigentümerin der Immobilien sollte eine Anstalt des öffentlichen Rechts (AöR) werden. Die Wohnungsbestände dürften nie wieder privatisiert werden. Auch die Beteiligung von Mieter*innen-Initiativen als möglicher Basis der Volksentscheidskampagne wurde bei diesem ersten Treffen bereits problematisiert: Wie kann die eher abstrakte Enteignungsforderung mit den konkreten Kämpfen in Einklang gebracht werden? Eine Erkenntnis aus dem Mietenvolksentscheid von 2015 war bereits zu diesem Zeitpunkt, dass Kampagnen mit zugespitzten Forderungen eher einen bestimmten Aktivist*innen-Typus ansprechen als mehrheitlich Mieter*innen, die konkrete Probleme mit ihren Vermietern haben. Wie schwierig so eine Verbindung aus Kampagne und »Mieter*innen-Basis« werden würde, zeigte sich bereits, als den Deutschen-Wohnen-Mieter*innen die Enteignungsidee Anfang 2018 von Aktivist*innen, die sowohl in der Vernetzung als auch in der Volksentscheids-Kampagne aktiv waren, vorgestellt wurde. Da gab es erstmal Knatsch. Es fielen wütende Sätze wie »Das ist Sozialismus, das will ich nicht!« oder »Ich stell mich doch nicht in Reinickendorf vor meine Nachbarn und sag denen, dass ich enteignen will!«. Schließlich wurde vereinbart, dass die, die bei der Kampagne aktiv sind, bei den Vernetzungstreffen fortan regelmäßig und kurz über den geplanten Volksentscheid berichten, mehr nicht. Dieses mitunter produktive, aber konfliktreiche Spannungsfeld sollte die Kampagne bis zum erfolgreichen Volksentscheid und darüber hinaus immer wieder beschäftigen.

Die Kampagne startete offiziell im Frühjahr 2018, und gleichzeitig gründeten sich verschiedene Arbeitsgruppen: neben der Öffentlichkeitsarbeit-AG, der Aktions-AG, der Sammel-AG, der Vergesellschaftungs-AG auch die Starthilfe AG. Die Idee zu Letzterer war bereits zu frühen Zeiten der berlinweiten Vernetzung der Deutsche-Wohnen-Mieter*innen aufgekommen. Bei den monatlichen Treffen berichteten Mieter*innen immer wieder über die gleichen Probleme – »Wie aktiviere ich meine Nachbar*innen und spreche sie an?«, »Wie organisiere ich eine erfolgreiche Versammlung?«, »Wie mache ich Pressearbeit?«, »Wie werden wir mehr? Wie brennen wir nicht aus?« –, die aber alle nicht eben mal bei den Treffen gelöst werden konnten. Die Starthilfe AG versuchte den Mieter*innen fortan Organisierungs-handwerk zu vermitteln und sie konkret zu ihren Kämpfen zu beraten und begleiten. Das macht sie seitdem in Form der praktischen Broschüre *Zusammentun – Wie wir uns gemeinsam gegen den Mietenwahnsinn wehren können*[13], in Form von Workshops und durch konkrete »Starthilfe« in den Siedlungen der Enteignungskandidaten, die von Begleitung zu Haustürgesprächen bis zu gemeinsamem monatelangem Strukturaufbau vor Ort reicht. Die Starthilfe AG soll also nicht nur eine Brücke zwischen Kampagne und Mieter*innenkämpfen sein, vielmehr soll es der hohe Organisierungsgrad der Deutsche-Wohnen-Mieter*innen auch ermöglichen, den nötigen Druck zur Enteignungsforderung aufzubauen.

Nachdem es um die Enteignungskampagne in Berlin etwas ruhiger geworden war, wurde sie durch konkrete Mieter*innen-Kämpfe wieder einmal zum Stadtgespräch: Im Winter 2018/2019 kaufte die Deutsche Wohnen ganze Häuserblocks in der Karl-Marx-Allee, symbolträchtige Arbeiter*innen-Paläste aus DDR-Zeiten. Die Mieter*innen dort organisierten sich schnell, auch weil es schon Räte in den Häusern gab, die reaktiviert werden konnten. Dem wochenlangen Protest schlossen sich bald auch andere Mieter*innen sowie die Enteignungsinitiative an. Ein Teil der Häuser liegt in einem Milieuschutzgebiet, einem Bereich also, der in Berlin besonderen Schutz genießt, deswegen kann der Bezirk Friedrichshain-Kreuzberg hier das sogenannte Vorkaufsrecht ausüben. Nach weiteren Protesten kamen auch die Blöcke, die nicht dem Milieuschutz unterlagen, in Besitz der landeseigenen Wohnungsbaugesellschaft WBM. Ohne hier auf die einzelnen, komplizierten Details eingehen zu wollen: Deutlich wird vor allem, dass die Politik nur mit Druck aktiv wird. Was hier vor allem meint: Dank dem Druck auf die Senatsverwaltung für Finanzen, die in Händen der SPD war, investierte die Stadt nun in die Rettung der Wohnungen vor dem Finanzkapital.

Gleichzeitig trat die Deutsche Wohnen einmal mehr als rücksichtsloser Player auf den Plan. Die Mieter*innen aus der Karl-Marx-Allee beteiligten sich nach ihrem gewonnenen Kampf aber nicht mehrheitlich an der Kampagne. Enteignungskampagne und Mieter*innen-Kämpfe befeuern sich, wie sich hier zeigte, gegenseitig, stehen aber eher in einem indirekten Verhältnis zueinander.

*

Am 6. April 2019 fand eine große Demo mit 40.000 Teilnehmer*innen gegen den Mietenwahnsinn in Berlin statt. Damit begann *Deutsche Wohnen & Co enteignen* die erste »Sammelphase«. Die Kampagne brauchte binnen sechs Monaten 20.000 gültige Unterschriften. Bereits beim Auftakt der Demonstration am Alexanderplatz standen die Menschen Schlange; auf dem Zug selbst waren etwa hundert Sammelteams in den später für die Kampagne so charakteristischen lila-gelben Warnwesten unterwegs. Hinter dem Fronttransparent versammelten sich auch viele Deutsche-Wohnen-Mieter*innen, was sowohl dem Erfolg der Brückenfunktion der Starthilfe AG als auch dem schlechten Ruf der Deutsche Wohnen geschuldet war. Bereits drei Monate vor Fristende reichte die Initiative 77.001 Unterschriften ein.

Nicht nur *Deutsche Wohnen & Co enteignen*, sondern Mieter*innen-Initiativen und -Kämpfe in der ganzen Stadt erhöhten den Druck auf die Politik. Das beeindruckte offensichtlich auch die SPD, die das Gutachten zur Prüfung des Volksbegehrens der Unterschriften über ein Jahr verschleppte, wahrscheinlich in der Hoffnung, dass der Kampagne die Luft ausgeht – und außerdem einen »Mietendeckel«

»Mietenwahnsinn«-Demo, Berlin, Mai 2021

durchsetzte. Dieses Gesetz zur Neuregelung gesetzlicher Vorschriften zur Mietenbegrenzung sah vor, Mieten für fünf Jahre »einzufrieren«, und war als Zugeständnis und als Versuch zu verstehen, die Bewegung zu befrieden. Am 30. Januar 2020 trat der sogenannte Mietendeckel in Kraft.

Gegen die Shoppingtouren der Immobilienkonzerne half diese Maßnahme ohnehin wenig. Im Juni 2020 kaufte die Deutsche Wohnen 23 über die ganze Stadt verteilte Häuser. Die Starthilfe AG unterstützte den Organisierungsprozess der betroffenen Mieter*innen mit einem »Blitz«, eine Idee, die sie bei der IG Metall abgeschaut hat. An einem Samstag trafen sich am Kreuzberger Mariannenplatz etwa 30 Freiwillige und bekamen einen kurzen Haustüransprache-Workshop sowie alle Informationen, die es zum Hauskauf bisher gab. Dann strömten sie zu den betroffenen Häusern aus, klingelten an Türen, informierten Mieter*innen und luden sie zu einer Versammlung am darauffolgenden Tag ein. Am Sonntag trafen sich etwa 100 Deutsche-Wohnen-Mieter*innen und planten gemeinsam Proteste, Pressearbeit, Briefe an Abgeordnete, verteilten Aufgaben untereinander, obwohl sie sich eben erst kennengelernt hatten. Die Mieter*innen-Initiative *23 Häuser* war geboren. Zwar konnte der Kauf diesmal nicht abgewendet werden, aber die Kämpfe und Sorgen der Mieter*innen brachten zu einer Zeit, in der es um die Enteignungskampagne still geworden war, die Machenschaften der Deutsche Wohnen erneut an die Öffentlichkeit. Ebenso zeigte sich aber auch wieder das Spannungsverhältnis: Nur wenige Aktive der Kampagne tauchten bei den Aktionen der Mieter*innen auf und unterstützten sie. Wenige Mieter*innen der *23 Häuser* wurden später auch bei *Deutsche Wohnen & Co enteignen* aktiv.

In ganz Berlin waren zu diesem Zeitpunkt Kämpfe gegen die Deutsche Wohnen immer wieder Stadtgespräch. Sowohl die Enteignungsinitiative als auch die konkreten Kämpfe schafften es regelmäßig in die überregionale und sogar internationale Presse. Trotzdem löste sich die berlinweite Vernetzung ungefähr zeitgleich wieder auf, ebenso die der Deutsche Wohnen Mieter*innen, deren Treffen zuletzt immer schlechter besucht waren. Diese Entwicklung scheint nur auf den ersten Blick paradox. Die Organisation der Treffen blieb bis zum Schluss die Aufgabe weniger Aktivist*innen, denen das viel abverlangte. Die Coronapandemie setzte der Vernetzung außerdem zu: Die Treffen wurden zuvor mehrheitlich von älteren Menschen besucht, die jetzt zu Hause blieben. Hannes Strobel bilanziert: »Ein monatliches, berlinweites Delegiertentreffen funktioniert nur, solange es gute Gründe gibt, sich zu treffen. Eine dauerhaft hohe Aktivität vieler Mieter*innen in den Initiativen auch nach der unmittelbaren Betroffenheit ist kaum aufrechtzuerhalten. Wenn lokal die Zyklen der Auseinandersetzung zunächst abgeschlossen sind, sehen viele auch keine Notwendigkeit mehr für eine übergeordnete Struktur. Ein realistisches Ziel ist es stattdessen, die neu gewonnenen Aktiven langfristig einzubinden und als potenzielle Multiplikator*innen zu behalten, damit sie ihre Nachbar*innen wieder aktivieren können, wenn etwas ansteht. Hierfür müssen die richtigen Strukturen geschaffen werden.«[14] Auch die Starthilfe AG bilanzierte in dieser Zeit ihre Arbeit kritisch. Zwar war es immer wieder gelungen, viele Mieter*innen-Initiativen bei ihren konkreten Vorhaben zu unterstützen, das namensgebende Konzept der »Starthilfe« ging aber weniger auf. Die Aktivist*innen der AG blieben länger aktive Mitglieder in den Initiativen als geplant, oder die Initiativen zerfielen nach einem konkreten Kampfzyklus wieder. So wurde in der Starthilfe AG immer öfter die Frage diskutiert, was das langfristige Ziel des Mieter*innen-Organizings sei. Und »wohin« eigentlich organisiert werde: Welche Organisation könnte langfristig aktive Mieter*innen einbinden, aber auch zum Beispiel das in den Kämpfen erworbene Wissen speichern? Die Enteignungskampagne war zu dem Zeitpunkt leider nicht die hierfür geeignete Mieter*innen-Massenorganisation, auch wenn sie ab Herbst 2020 deutlich wuchs. Die Diskussionen, die in einer solchen Kampagne geführt werden müssen, sind weit weg von den täglichen Sorgen und Nöten der Mieter*innen – und die Starthilfe AG war in den ersten Jahren entsprechend weit entfernt von vielen Diskussionen in der Kampagne, in denen es um Rechtsgutachten und Machbarkeit ging, um Beschluss- oder Gesetzesvolksentscheid und um die Ausgestaltung der

Anstalt öffentlichen Rechts, in die die enteigneten und vergesellschafteten Wohnungen überführt und demokratisch verwaltet werden sollen. Die Kämpfe der Deutsche-Wohnen-Mieter*innen, die Proteste der verschiedenen Mieter*innen-Initiativen machten den Volksentscheid möglich, waren die dynamische und soziale Basis der Enteignungskampagne, prägten die Stimmung in der Stadt, wurden positiv von der Presse aufgegriffen, machten aber nicht die tatsächliche Basis des Volksentscheids aus. Das waren Aktivist*innen. Die konkreten Kämpfe der Mieter*innen und die abstrakteren Forderungen nach Enteignung haben also ein durchaus kompliziertes Verhältnis, das bis zum gewonnenen Volksentscheid im September 2021 nie aufgelöst werden konnte.

Im September 2020 schloss der Berliner Senat endlich die Prüfung der ersten Sammelphase ab und gab somit den Weg für die zweite frei, die im Februar 2021 starten sollte. Die Sammel-AG der Kampagne, die sich bisher schon um die Koordinierung der Unterschriftensammlungen kümmerte, erweiterte den Aktivenkreis von *Deutsche Wohnen & Co enteignen*, indem sie ab Herbst 2020 Kiezteams in (fast) allen Berliner Bezirken aufbaute. Das war der Einsicht geschuldet, dass die Kampagne, so wie sie personell bisher aufgestellt war, Probleme bekommen würde, die notwendigen 175.000 Unterschriften zu sammeln, denn erschwerend kam außerdem hinzu, dass Berlin kurz vor einem Corona-Lockdown stand. Die Kiezteams wurden die zentralen Gruppen, die die zweite Sammelphase möglich machten und zum Erfolg führten. Hier wurden Plakatieraktionen, Orte für Unterschriftenlisten, Unterschriftensammlungen und alles weitere organisiert. Gleichzeitig beschloss die Starthilfe AG, ihre Unterstützung für die Kämpfe der Berliner Mieter*innen für ein Jahr ruhen zu lassen und stattdessen mit Organisierungsmethoden die Kampagne bis zum Volksentscheid zu unterstützen: namentlich einem Kiezteam in Marzahn-Hellersdorf, einerseits dem Bezirk mit dem größten Bestand an Deutsche-Wohnen-Wohnungen, andererseits einer Leerstelle, was Mieter*innen-Aktivitäten angeht. Gemeinsam mit der Sammel-AG gab die Gruppe nun Starthilfe für eine neue AG: Die Right to the City AG sollte ein Ort für Menschen werden, die nicht Deutsch sprechen, und gleichzeitig thematisieren, dass ein Großteil der Berliner*innen, die am härtesten vom Mietenmarkt getroffen werden, beim Volksentscheid nicht abstimmen können, weil sie kein Wahlrecht besitzen. Ebenfalls gemeinsam mit der Sammel-AG konzipierte die Starthilfe AG

Workshops, in denen das in den nächsten Monaten benötigte Wissen an möglichst viele Aktive weitergegeben werden und diese wiederum als Multiplikatoren fungieren sollten. Der Plan ging auf: Im Februar 2021 begann die vitalste Phase der Kampagne. In den Kiezteams und den AGs waren nun zwischen 2000 und 3000 Enteignungsaktivst*innen aktiv und sammelten unermüdlich Unterschriften in allen Teilen der Stadt. In den Innenstadtbezirken war die Kampagne mit ihren lila-gelben Westen und Plakaten gefühlt überall präsent. In den Siedlungen der Deutsche Wohnen und der anderen Enteignungskandidaten allerdings, die sich mehrheitlich in den Außenbezirken befinden, sah das anders aus. Dorthin musste die Kampagne erst noch »gebracht« werden. Also organisierte die Starthilfe AG dort Haustürgespräche. Hunderte Aktivist*innen klopften in den nächsten Monaten an Tausende Türen, sammelten Unterschriften – und Kontakte. »Wir legen uns mit mächtigen Konzernen an. Wir können nur gewinnen, wenn wir viele sind. Willst du vielleicht auch mal bei uns mitmachen?«, schließt sich der Frage nach der Unterschrift an. Bei dieser lebendigen Phase gibt es allerdings einen starken Wermutstropfen: Zwar sind vereinzelt Mieter*innen der Enteignungskandidaten aktiv, mehrheitlich sind in den Kiezteams jedoch Politaktivist*innen im weitesten Sinne aktiv. In diesem Spektrum ist die Kampagne deutlich diverser als viele andere; auch die älteren Menschen, die aktiv werden, haben oft schon Aktivismuserfahrungen in Parteien oder Gewerkschaften gesammelt, ähnlich sieht es bei denen aus, die sich in der Right to the City AG engagieren und kein oder kaum Deutsch sprechen. Die Offenheit der Kampagne für ein bestimmtes Milieu trägt außerdem zu ihrem entscheidenden Erfolg bei, analysiert Kristóf Pörkölt: »Das entscheidende Kriterium, welches *Deutsche Wohnen & Co enteignen* so erfolgreich macht, ist gerade nicht ihr institutionelles Kapital, sondern ihre Offenheit. So resultierte die Professionalisierung beim Schreiben von Flyern, Organisieren von Kundgebungen, Aufhängen von Plakaten usw. nicht allein aus einem Lernprozess. Wie aus dem Nichts tauchten dagegen immer wieder Menschen auf, die ihr Können in die Waagschale warfen, ohne sich davor in irgendeiner Form beweisen zu müssen. Als es Analyst*innen brauchte, um die Frage zu beantworten, wo sich der Wahlkampf besonders lohne, fanden sich Statistiker*innen und Kartograph*innen zusammen. Als ein LKW benötigt wurde, um die Wahlplakate mobil zu lagern, schwang sich ein Aktivist zum Logistiker auf und

Unterschriftensammeln für die Enteignung der Wohnungskonzerne

stellte sein Gefährt zur Verfügung. Als es eine wirkmächtige Außendarstellung brauchte, konstituierte sich eine Cheerleading-Gruppe. Und so weiter. So kamen die Menschen einer Großstadt, die ihre Arbeitskraft in unterschiedlichsten Bereichen zu Markte tragen, aber den Wunsch teilten, ihre Fähigkeiten für etwas Sinnvolles einzusetzen, zusammen, um einem besonders widerlichen Aspekt des Finanzkapitals den Kampf anzusagen.«[15] Trotz Coronapandemie sammelten die Aktiven der Kampagne über 350.000 Unterschriften, erreichten die nötigen 175.000 gültigen innerhalb von vier Monaten. Nach einer Sommerpause begann der Wahlkampf, der sich diesmal vor allem auf die Außenbezirke konzentrierte; Gegenden, in denen nicht nur die Kampagne bisher weitestgehend unbekannt war, sondern die auch die meisten Aktivist*innen bisher selten aufgesucht hatten. Doch die Herausforderung war klar: Etwa eine Million Wahlberechtigte mussten mit »Ja« stimmen, viele davon lebten in Gegenden mit niedriger Wahlbeteiligung. Aber es gelang. Das Thema Wohnen beschäftigt die Berliner*innen. Am Ende stimmten 57,6 Prozent der Wähler*innen für den Volksentscheid.

Die Kampagne selbst steht nach diesem Sieg gleichzeitig vor ihrer größten Herausforderung. Es gibt in Berlin zwar erneut eine rot-grün-rote Landesregierung, die die Vergesellschaftung umsetzen soll. Die regierende SPD setzte sich jedoch in den Koalitionsverhandlungen mit der Einrichtung einer Expert*innen-Kommission durch, die die Umsetzung prüfen wird. Erschwerend kommt hinzu, dass der Volksentscheid ohne rechtlich-bindende Wirkung ist. Es ist jetzt die Aufgabe von *Deutsche Wohnen & Co enteignen*, den nötigen Druck über einen langen Zeitraum aufzubauen. Wie das gelingen kann, ist noch offen. Für viele Aktive in den Kiezteams und AGs ist klar, sie machen weiter. Aber wie? Wie viel Gemeinsamkeiten haben all diese Aktiven überhaupt, wenn das konkrete Ziel des Volksentscheids fehlt? Einerseits klingen Hunderte verbliebende Aktive, die an Haustüren geklopft oder andere Community-Organizing-Erfahrung gemacht haben, nach einem Luxusproblem, andererseits muss auf die offene Frage, wie man zusammenarbeiten will, eine konkrete Antwort gefunden werden, damit der Volksentscheid nicht einfach verpufft. *Deutsche Wohnen & Co enteignen* hat mit diesem Wahlsieg die Grenzen der politischen Forderungen erweitert. Enteignung und Vergesellschaften sind Teil des politischen Diskurses geworden und müssen vom Parlament geprüft und behandelt werden. Jetzt wird es darum gehen, dass aus dieser Diskurserweiterung tatsächliche Verbesserungen für die Mieter*innen resultieren, und dabei werden diese selbst eine wichtige Rolle spielen müssen. Aus Erfahrungen der Vergangenheit leiten sich die Fragen – und vielleicht auch Antworten – für die kommende Phase ab, dabei hilft es vielleicht auch, den Volksentscheid nicht als einen (vorläufigen) Endpunkt zu betrachten, sondern als Zwischenetappe. Der Volksentscheid ist eher als Strukturtest zu sehen – analog zu denen der Krankenhaus-Bewegungen, mit denen die bereits Organisierten die Streikbereitschaft und Geschlossenheit der Belegschaft getestet haben. Die Frage ist also: Wie kann aus der mehrheitlichen, aber bisher eher passiven Bereitschaft zu Enteignung und Vergesellschaftung eine aktive, gestaltende werden? Klar sollte sein, dass der Appell an eine unwillige Landesregierung nicht ausreicht. Wie kann also der Druck vonseiten der Mieter*innenbewegung gesteigert werden? Da kommt die Organisierung in den Siedlungen und Hausgemeinschaften ins Spiel. Offen ist hier aber auch, wie diese langfristig zu bewerkstelligen sind. Häufig zerfallen Initiativen, wie wir gesehen haben, nach heftigen Kämpfen bald wieder. Wie sähe eine Organisation aus, die eine langfristige(re) Perspektive für aktivgewordene Mieter*innen sein könnte und auch diejenigen einbinden kann, die nicht bereits Politikerfahrungen haben und/oder eben viel Freizeit? Hieran zeigt sich: Wie Mieter*innen aktiv eingebunden werden können, ist nicht bloß eine Frage von Repräsentation und Diversifizierung einer Kampagne. Sondern es ist die Frage danach, wie die, die in Berlin zur Miete wohnen, die Eigentumsverhältnisse, an deren Umkehrung eine Mehrheit Interesse signalisiert hat, ändern und mitgestalten können. Die Kampagne hat schon wichtige Grundsteine gelegt: So wurden, gerade in den Enteignungssiedlungen, nicht nur Unterschriften, sondern auch Kontakte gesammelt, von Menschen, die sich gerne an weiteren Aktionen beteiligen würden – für diese möglichen Beteiligungen müssen aber vielleicht andere Möglichkeiten als eine Politaktivist*innenkampagne gefunden werden. Um auf diese offenen Fragen Antworten zu finden, ist es wichtig, dass *Deutsche Wohnen & Co enteignen* aus den Erfahrungen, Fehlern und Stärken der vergangenen Jahre kollektiv Schlüsse zieht. Erste Schritte sind gemacht, indem viele dieser Fragen in offenen und geschlossenen Strategietagen- und wochenenden zumindest gestellt werden. Vor *Deutsche Wohnen & Co enteignen* liegt also hoffentlich ein noch weiter Weg, an dessen Ende die erfolgreiche Vergesellschaftung und Enteignung steht.

Anmerkungen

1   Psotta, Michael (2015): Deutschland hat die meisten Mieter. In: Frankfurter Allgemeine Zeitung, 23.11.2015, www.faz.net [13.12.2021].

2   Berliner Mietspiegel 2019: www.berliner-mieterverein.de/downloads/mietspiegel-2019/mietspiegel-2019-broschuere.pdf [14.12.2021].

3   Eine ausführliche Beschreibung findet sich in: Mattern, Philipp (2018): Mieterkämpfe. Vom Kaiserreich bis heute. Das Beispiel Berlin. Berlin: Bertz + Fischer.

4   Bontrup, Heinz-J. (2018): Auf Profitkurs: Die Deutsche Wohnen und der »Mietenwahnsinn«. In: Oxi. Wirtschaft anders denken, 20.4.2018, https://oxiblog.de [14.12.2021].

5   Ebd.

6   Ebd.

7   Ebd.

8   Brief der Mieterinitiative der Zehlendorfer »Onkel-Tom-Siedlung« an Bundespräsident Horst Köhler, 9.7.2007, www.khd-research.net/Docs/MIOTS_Bf_an_BP_Koehler_2007.pdf [14.12.2021].

9   Ebd.

10 Gecekondu ist die türkische Bezeichnung für informelle Hütten, die auf privatem oder öffentlichem Boden meist in Nacht-und-Nebel-Aktionen erbaut werden.

11 *Kotti & Co.*: »Wir wollen unsere Häuser zurück«, 26.2.2016, https://kottiundco.net/2016/02/26/wir-wollen-unsere-haeuser-zurueck/ [14.12.2021].

12 Der Mietenvolksentscheid Berlin war ein angestrebter Berliner Volksentscheid zur sozialen Wohnraumversorge, der von den Initiator*innen zurückgezogen wurde, nachdem das Gesetz in Teilen vom Berliner Senat übernommen und vom Berliner Abgeordnetenhaus beschlossen wurde.

13 AG Starthilfe des Mieter*innenprotests Deutsche Wohnen und der Kampagne Deutsche Wohnen und Co enteignen: Zusammentun! Wie wir uns gemeinsam gegen den Mietenwahnsinn wehren können (Broschüre), http://deutsche-wohnen-protest.de/wp-content/uploads/2019/02/mieterinnen_protest_deutsche_wohnen_broschuere_zusammentun_2019.pdf [14.12.2021].

14 Strobel, Hannes (2020): Organisiert gegen einen profitorientierten Wohnungskonzern. Fünf Jahre berlinweite Vernetzung der Deutsche-Wohnen-Mieter*innen. In: Suburban, Band 8, Heft 3, zeitschrift-suburban.de [14.12.2021].

15 Pörkölt, Kristóf (2021): Gewinnen kann man auch ohne Partei. Blog aus der Freitag-Community, 23.10.2021, www.freitag.de [14.12.2021].

Stadtkämpfe gegen Big Tech
Berlin und New York vs. Google und Amazon

»The Mission war ein Stadtteil, in dem vor allem Hispanier*innen gelebt haben, er war viele Jahrzehnte von der migrantischen Arbeiter*innen-klasse geprägt. Heute leben dort zu großen Teilen gut bezahlte Tech-Arbeiter*innen. Morgens fahren sie mit Shuttle-Bussen in die Silicon-Valley-Zentralen, abends wieder zurück in ihre geschlossenen Apartmentanlagen. Sie müssen keinen Kontakt zu normalen Menschen haben.« Das erzählt Erin McElroy, Anti-Gentrifizierungs-Aktivistin aus San Francisco, bei einer Veranstaltung im vollen SO36 in Berlin-Kreuzberg. Die Veranstaltung heißt »Warum Google kein guter Nachbar ist. Was können wir tun, wenn große Tech-Firmen und Start-ups in die Kieze drängen?«, neben ihr sitzen am 16. Mai 2018 Stefan und Cony von der Kreuzberger Initiative *GloReiche*, die gegen einen geplanten »Google-Campus« kämpft, den das Silicon-Valley-Unternehmen in Kreuzberg geplant hat, Katalin Gennburg, Sprecherin der Linksfraktion Berlin für Stadtentwicklung, Tourismus, Smart City – und ich als Moderatorin.

Es ist kein Zufall, dass Elroy an diesem Abend dort sitzt. Sie organisierte mit weiteren Aktivist*innen bereits ab Dezember 2013 Proteste in der Bay Area gegen Shuttlebusse der Tech-Unternehmen, die zum Symbol für die Gentrifizierungsprozesse wurden; erst in San Francisco, dann auch in Oakland und Seattle. Nachdem die Technologiekonzerne sich sowohl in der Bucht von San Francisco, der Bay Area, als auch in Seattle – Heimatstadt von Amazon und Microsoft – immer weiter ausgebreitet hatten, stiegen dort die Mieten und Kaufpreise so sehr, dass die ansässige Bevölkerung, vor allem die Einwohner*innen lateinamerikanischer Herkunft, die sogenannten Hispanics, nach und nach vertrieben wurde. Um zu ihren Arbeitsstätten in den Städten zu gelangen, mussten sie immer weitere Wege zurücklegen und dafür an denselben Bushaltestellen warten, die auch der Google-Bus passierte, der aber nur für die gut bezahlten Angestellten des Unternehmens anhielt. Seit 2013 stehen die Proteste gegen die Google-Busse für die Gentrifizierungskämpfe im ganzen Silicon Valley.[1]

McElroy berichtet auch von anderen Zeichen des Niedergangs im Valley. Etwa wurde ein Krankenhaus in »Zuckerberg San Francisco General Hospital« umbenannt, weil der Facebook-Gründer Marc Zuckerberg und seine Frau Priscilla der unterfinanzierten Einrichtung 75 Millionen US Dollar spendeten. Wie in den meisten Städten wurde auch in San Francisco seit Jahrzehnten zu wenig in die Infrastruktur investiert. Die Folgen der letzten Finanzkrise und die Maximen einer neoliberalen Sparpolitik haben die Situation in den letzten zehn Jahren noch einmal verschärft. Gleichzeitig stehen Städte mittlerweile wie Unternehmen untereinander in Konkurrenz und unter dem Druck, ihre sogenannten Standortvorteile auszubauen. Konzerne wie Facebook, Google oder Amazon erscheinen den Kommunen dann als letzte Chance, an Gelder zu kommen, und werden so zu Trägern einer schlussendlich trügerischen Hoffnung.

Denn dass die Rechnung nicht aufgeht, zeigt sich in San Francisco ebenfalls: Die kalifornische Bay Area wurde zwar überschwemmt mit Reichtum, der sammelt sich aber nur bei den Millionär*innen und Milliardär*innen. »Die meisten Reichen sind zudem männlich und weiß. Die Region trägt somit in beachtlichem Maß zur wachsenden sozialen Ungleichheit bezüglich Klasse, *race* und Wohnort bei«, schreibt der emeritierte Professor Richard Walker, der sich an der Universität Berkeley mit diesen Prozessen beschäftigt hat.[2] Die Gentrifizierung in und um das Silicon Valley ist mittlerweile so außer Kontrolle geraten, dass sich selbst die hoch bezahlten Tech-Beschäftigten die Wohnkosten nicht mehr leisten können. Der britische *Guardian* berichtete im Februar 2017 von einem Angestellten von Twitter, dem die Lebenshaltungskosten in der Bay Area trotz seines sechsstelligen Jahresgehalts zu hoch waren.

An genau diese Entwicklungen dachten wohl viele Kreuzberger*innen, als sie erfuhren, dass das Silicon-Valley-Unternehmen Google in ihrem Berliner Bezirk einen Campus eröffnen will. Es sollte der achte weltweit werden. Kreuzberg hatte sich – wenn auch nicht ganz so radikal wie San Francisco – bereits deutlich spürbar verändert: Steigende Mieten und Immobilienpreise bei gleichzeitigem starkem Zuzug von außen, Austausch der ursprünglichen, armen Bevölkerung durch zahlungskräftigere Haushalte – alles Merkmale von Verdrängung, die sich nicht nur in San Franciscos Mission District, sondern auch in Berlin-Kreuzberg nachweisen lassen. Genau wie The Mission war Kreuzberg nicht nur arm, sondern auch migrantisch geprägt, vor allem türkische Familien lebten hier. Sein weltbekanntes

Image hat der Stadtteil, weil hier in den 1980ern Häuser besetzt wurden, wodurch der Altbaucharme erhalten blieb, und weil er lange ein Zentrum der Subkulturen war, was wiederum nur aufgrund der günstigen Mieten möglich war. Bis zur Wiedervereinigung Berlins lag Kreuzberg am Rande von West-Berlin, seit 1990 in der attraktiven Stadtmitte. Als Berlin dann Hauptstadt wurde, setzte der Zuzug ein. »Mit dem Einsetzen der globalen Finanzkrise 2007 erfuhr der Berliner Immobilienmarkt einen Sprung an Attraktivität für Investoren und Investorinnen. Damit begann eine neue Welle immobilienwirtschaftlicher Aufwertungsprozesse in Berlin«, schreibt der Statistiker Guido Schulz.[3]

Seit Jahrzehnten wird in Arm-aber-sexy-Berlin versucht, eine eigene ökonomische Basis zu entwickeln. Mittlerweile glaubt man in der Stadtregierung, das mit Start-ups erreicht zu haben. Die deutsche Hauptstadt findet sich in verschiedenen europäischen Start-up-Rankings stets unter den Top 5. Im Jahr 2015 investierten internationale Kapitalgeber 2,1 Milliarden Euro in Berliner Start-ups, mehr als in jeder anderen europäischen Stadt. 2021 gibt es laut startup-map.berlin etwa 3000 Start-ups, die nach 2011 gegründet wurden. Die Senatsverwaltung für Wirtschaft, Energie und Betriebe weiß nicht, wie viele Mitarbeiter sie genau haben, schätzt aber, dass ein erheblicher Anteil aus dem Ausland kommt, was einen Teil des Zuzugs erklären würde. Der Google-Campus soll in dieser Hinsicht als sogenannter Accelerator, also als Beschleuniger wirken. Ein Accelerator soll Start-ups bei der Verwirklichung ihrer Geschäftsideen helfen, eine Art Gründerzentrum also. Google macht das nicht aus Altruismus, sondern aus wirtschaftlichem Kalkül. Um die Vormachtstellung auf dem Technologiemarkt zu sichern, gehört es zur Geschäftsstrategie des Unternehmens, gute Ideen frühzeitig aufzukaufen und dann selbst weiterzuentwickeln. Genau dazu dient ein eigener Campus.

Man muss aber kein Sozialwissenschaftler sein, um zu wissen, was Verdrängung ist: Das wissen die Menschen in Kreuzberg gut, weil sie seit vielen Jahren Nachbar*innen verlieren und Angst haben müssen, die nächsten zu sein. Sie wissen es, weil die Läden des alltäglichen Bedarfs verschwinden, teure Cafés, Restaurants, Clubs dagegen eröffnen und weil die Mieten und die Preise für den Lebensunterhalt steigen. Aber nicht erst seit den 1980ern gibt es in Kreuzberg eine vielfältige Protestkultur und eine mal mehr und mal weniger vernetzte Linke; mit den Jahren zunehmender Verdrängung entstanden entsprechend viele stadtpolitische Initiativen.

Google-Bus-Blockade in San Francisco, Mai 2018

Ähnlich wie der Google-Bus im Valley wurde der geplante Campus für die zahlreichen Initiativen in Kreuzberg zum Symbol einer beschleunigten Verdrängung. Schnell regte sich vielfältiger, dezentral organisierter Protest: Militante Anarchist*innen, die Technologie generell kritisch gegenüber stehen, beteiligten sich genauso wie die postautonome akademische-geprägte Gruppe TOP und die schon am Anfang des Kapitels erwähnte Stadtteilinitiative *GloReiche*, die sich mit Nachbar*innen im Kiez Glogauer und Reichenberger Straße gegen Verdrängung wehrt. Aber auch der Grünen-Baustadtrat Florian Schmidt, der zum linken Flügel seiner Partei gehört, sowie zahlreiche Anwohner*innen waren dabei. Immer wieder zeigten sich auch die Widersprüche zwischen den politischen Ansätzen, die von vermittelnd bis militant reichten. Gerade diese Vielgestaltigkeit machte den Charme und die Anschlussfähigkeit der Proteste aus, die im Kern aber von Aktivist*innen geprägt waren. Deutlich abwesend waren migrantisch geprägte Mieter*innen-Initiativen, und von den ungefähr fünf von einzelnen Akteur*innen herausgegebenen Broschüren erschien keine einzige auf Türkisch, Arabisch oder in einer anderen Sprache der vom Verdrängungsprozess besonders bedrohten Communitys in Kreuzberg.

Die Presse liebte die Bilder vom Kampf Davids gegen Goliath, etwa die der Kinder, die auf Straßenfesten mit Fußbällen gegen Google-Buchstaben schossen. Jeden Montagabend fanden Kundgebungen vor dem industriellen Klinkerbau, in den der Google-Campus ziehen sollte, statt. Der *Guardian*, die *New York Times* und viele andere internationale Medien berichteten darüber. Noch nie hatte ein Stadtteil dem Konzern aus dem Silicon Valley so lang anhaltend die Stirn geboten, und es war eine sympathische Geschichte. An einem Freitag im September

2018 fand eine Besetzung des für den Campus vorgesehenen Gebäudes durch etwa 70 Aktivist*innen statt. Die Besetzung wurde brutal geräumt, aber die Bilder und das vor dem Eingang aufgehängte Transparent mit dem Aufdruck »Fuck off Google«, das denen der Bus-Blockaden in San Francisco ähnelte, gingen wieder um die Welt. Knapp einen Monat später verkündete Google, dass sie vorerst keinen Campus in Berlin eröffnen und die Räume für fünf Jahre an soziale Unternehmen vermieten würden.

Die Aktivist*innen hatten einen wunden Punkt von Google gefunden: Das Tech-Unternehmen ist abhängig von Werbeeinnahmen, also auch von einem positiven Image in der Öffentlichkeit. Es war ein wichtiger Teilsieg für die Aktivist*innen in Kreuzberg: Die Erfahrung, Verdrängungsprozessen etwas entgegensetzen zu können, den Tech-Unternehmen nicht einfach ohnmächtig gegenüberzustehen, hob die Stimmung in den darauffolgenden Wochen merklich an. Aber es war eben doch nur ein Teilsieg: Google ist längst in Kreuzberg und Berlin angekommen, nur eben nicht mit einem eigenen Campus. Der Mietvertrag am ursprünglichen Campus-Standort endet Ende 2023 – und dann? Der Zuzug von Tech-Unternehmen und Start-ups wurde durch den Protest nicht begrenzt – im Gegenteil, und genauso wenig lässt sich der Erfolg solcher Proteste beliebig wiederholen: Ungleich schwieriger gestaltet sich der Kampf der Berliner*innen gegen ein Hochhaus im Nachbarbezirk Friedrichshain, den Edge-Tower, in dem Amazon einige Etagen beziehen will. Hier geht es nicht um ein Verteilzentrum des Logistikers, sondern sehr wahrscheinlich um Büros für Programmierer*innen, berichten Aktive der Stadtteilinitiative *Berlin vs. Amazon*: »EDGE Technologies baut hier für Amazon ein riesiges Hochhaus, in dem voraussichtlich gut bezahlte 3400 Entwickler*innen arbeiten sollen.« In der Initiative sind etwa 30 Menschen aus verschiedenen gesellschaftlichen Bereichen aktiv: »Wir sind Anwohner*innen aus Friedrichshain, Künstler*innen, Tech-Arbeiter*innen, Forscher*innen und einige, die auch schon gegen den Google-Campus oder die schlechten Arbeitsbedingungen bei Amazon gekämpft haben.« Auch sie fürchten, wie die Google-Campus-Protestierer*innen, dass sich durch den Zuzug der Programmierer*innen der Kiez verändert und Verdrängung beschleunigt wird: »Der Amazon-Konzern droht die bereits angespannte Lage in Berlin zu verschärfen. Wir befürchten, dass der Zuzug Amazons Verdrängungsprozesse weiter verschärfen wird.« Von der Politik bekommen auch sie keine Unterstützung, und das, obwohl die weitaus ältere Berliner Protestbewegung *Mediaspree versenken* sich 2008 mit einem erfolgreichen Bürgerbegehren gegen solche Bauprojekte gewandt hat, das von der Politik dann aber ignoriert wurde. Die Initiative veranstaltet seit Dezember 2019 in unregelmäßigen Abständen Kundgebungen in der Nähe der Baustelle, doch so richtig in Fahrt kommt der Protest nicht. Die Aktiven führen dies zum einen auf die Coronakrise zurück, die lähmend gewirkt habe: »Unser Projekt begann erst wenige Monate vor Corona und lebte eindeutig vom sozialen Austausch. Aktuell ist es sehr schwierig, sich zu organisieren, neue Leute kennenzulernen, ohne sich selbst und andere zu gefährden.« Und zweitens macht die Lage des geplanten Amazon-Hochhauses – inmitten eines Gewerbegebietes, neben Bürogebäuden und einer Veranstaltungsarena – schwungvollen Protest komplizierter als der Google-Campus, der mitten in einem Wohnviertel lag und somit leichter zu einem greif- und spürbaren Ort werden konnte: »Ein großes Problem für uns ist der merkwürdige Kiez rund um die Mercedes-Benz-Arena, in dem viele der neuen Gebäude wie auch der Amazon Tower entstehen. Dort gibt es keine direkte Nachbarschaft. Aber uns ist klar, dass die Auswirkungen zu uns *rüberschwappen* werden. Das versuchen wir auch Anwohner*innen in den Wohngebieten klarzumachen.« Die konkrete Lage der Büroräume und Hauptquartiere der Tech-Unternehmen spielen bestimmt eine Rolle bei der Emotionalität und Heftigkeit der Proteste – und der Frage, ob sie überhaupt in Gang kommen.

Das berichtet auch Manu Hoyer. Die Brandenburgerin hat gemeinsam mit ihrer Frau 2019 die Bürgerinitiative *Grünheide* gegründet. »Ich habe gehört, dass dieser Elon Musk hier seine Gigafactory bauen will, und gesagt: Wir müssen was unternehmen! Meine Frau ist in Wolfsburg groß geworden, die weiß, was für eine Katastrophe so eine Autofabrik für die Natur ist!« Über den Tesla-Boss hinter dem Bau der Gigafactory 4 für batteriebetriebene Autos in Brandenburg sagt sie: »Der tut, als würde er umweltfreundliche Autos bauen, dabei passiert vor unserer Tür eine Umweltkatastrophe.« Gemeinsam mit Umweltverbänden protestiert sie regelmäßig gegen den Bau, die Politik ignoriert die Proteste auch hier und stellt stattdessen Sondergenehmigungen für Tesla aus. Doch die mittlerweile vielen Gruppen in der benachbarten Hauptstadt, die sich kritisch mit Tech-Unternehmen wie Tesla befassen, sieht man bei den Protesten selten. Noch magerer schaut es im Berliner Bezirk Spandau aus.

Proteste gegen den Google-Campus in Kreuzberg, Juni 2018

Dort baut Siemens auf dem eigenen Werksgelände, auf dem bereits Ende des 19. Jahrhunderts produziert wurde, einen undurchsichtigen Digitalcampus mit staatlicher Förderung. Das Versprechen: Innovation, Jobs, Steuergelder. Doch für wen, ist bisher ungeklärt. Obwohl die Folgen des Siemens-Campus weitreichend für Berliner*innen sein könnten, regt sich vor Ort kein Protest.

Welche Faktoren zusammenkommen müssen, damit sich eine Stadtgemeinschaft erfolgreich gegen die Ansiedlung wehren kann, zeigte sich im Februar

2019 in New York. Im Herbst 2018 kündigte Amazon an, zwei neue Headquarter in Virginia und New York bauen zu wollen. Vorausgegangen war eine an die *Tribute von Panem* erinnernde, öffentlichkeitswirksame Suche, bei der sich wohl 238 amerikanische Städte mit öffentlichen Aktionen, YouTube-Videos und Social-Media-Auftritten darum bewarben und gegeneinander antraten. Atlanta wollte einen Vorort sogar in »City of Amazon« umbenennen, sollte die Stadt im Bundesstaat Georgia den Zuschlag bekommen. Den bekam aber neben Virginia dann New York, wo immerhin das Empire State Building im typischen Amazon-Orange angeleuchtet worden war. Der ausschlaggebende Grund werden aber eher die Steuervergünstigungen in Höhe von drei Milliarden Dollar gewesen sein, die New York Amazon wohl in Aussicht gestellt hatte. New York versprach sich wiederum von der Ansiedlung des Headquarters einen Anschub für die lokale Wirtschaft und Investitionen von Amazon. Die sozialen Bewegungen vor Ort, Stadtteilgruppen, Gewerkschafter*innen und auch viele Lokalpolitiker*innen im Bezirk Queens hatten eine andere Perspektive. Sie befürchteten, genau wie die Stadtaktivist*innen in Berlin, mit denen sie auch im Austausch standen, dass der Zuzug sehr gut bezahlter Tech-Arbeit*innen die Immobilienpreise in die Höhe treiben würde. Das Grundstück, das Amazon bekommen sollte, war ursprünglich außerdem für die Errichtung Tausender bezahlbarer Häuser vorgesehen, was den Konflikt noch verschärfte. Am Ende waren die Proteste erfolgreich: Am 14. Februar 2019 verkündete Amazon, dass sie kein zweites Headquarter in New York bauen würden. Welche wunden Punkte von Amazon hatten die Gegner*innen des Headquarters gefunden und getroffen, dass sie so einen Sieg erringen konnten?

Genau wie beim Google-Campus hatten die Menschen in Queens eine klare negative Vision vor Augen: Amazon gehören in Seattle, dem Sitz des ersten Headquarters, mittlerweile 40 Prozent der Gebäude und Flächen. In 15 Jahren stiegen die Mieten durchschnittlich von 650 Dollar auf 1600 Dollar. Seattle ist damit zu einer der teuersten und am wenigsten lebenswerten Städte in den USA geworden. Eine starke kommunale Bewegung schaffte es mithilfe verbündeter Politiker*innen wie der demokratischen Kongressabgeordneten Alexandria Ocasio-Cortez und anderen, das Thema auf die Straße und in die Medien zu bringen. Unterstützung bekamen sie nicht zuletzt von Aktivist*innen aus San Francisco, Barcelona und Berlin, mit denen einige lokale Gruppen im Austausch standen.

Die kämpfenden Berliner*innen und New Yorker*innen haben gezeigt, dass man den Ansiedlungen der Tech-Unternehmen nicht hilflos gegenüberstehen muss und was möglich ist, wenn man sich zusammen organisiert und die wunden Punkte dieser Unternehmen trifft. Auch wenn der Umbau der Städte zugunsten der Tech-Unternehmen bisher nicht aufgehalten werden konnte, sind diese Kämpfe mehr als ein erster Schritt: Es sind erste Siege gegen scheinbar übermächtige Plattformen, denn sie haben die Folgen, die ein Google-Campus oder ein Amazon Headquarter für das Preisniveau und damit die ganze Entwicklung in den Städten hat, überhaupt erst zum Thema gemacht.

Anmerkungen

1   Vgl. auch den Text *Klassenkampf statt Bällebad* in diesem Band.
2   Schwaller, Katja (2019): Zuckerberg General. In: Dies. (Hg.): Technopolis. Urbane Kämpfe in der San Francisco Bay Area. Berlin, Hamburg, Zürich, Assoziation A 2019.
3   Schulz, Guido: Aufwertung und Verdrängung in Berlin – Räumliche Analysen zur Messung von Gentrifizierung. Destatis / Statistisches Bundesamt, 15.8.2017, www.destatis.de [15.1.2022].

Über die Autorin

Nina Scholz arbeitet als Journalistin für *Deutschlandradio*, *Junge Welt*, *WOZ* und den *Freitag*, wo sie auch eine monatliche Kolumne veröffentlicht, und schreibt über Tech-Unternehmen, Arbeits- und Mietenkämpfe. Sie ist aktiv in der AG Starthilfe von *Deutsche Wohnen & Co enteignen*. Buchveröffentlichung: »Nerds, Geeks und Piraten. Digital Natives in Kultur und Politik. Texte zur Zeit 4« (Bertz + Fischer, 2014).

Fotonachweis

29: Fototeam ver.di Hessen; Manfred Semmler | 35: socialistrevolution.org | 43: CBS News | 47: AWU | 57: TRT World | 69: Jan Ole Arps | 75: Christian Jungeblodt | 95: Las Kellys | 103: indibay.org | 107: Aktion gegen Arbeitsunrecht | 118: Supermarkt | 123: Up & Go | 125: Nina Scholz | 133, 137: VPOD | 147: https://corona-at-work.de/ | 165: Christian Jungeblodt | 171: Shushugah/wikipedia | 185: Leonhard Lenz/Wikipedia | 193: Ian Clotworthy/Deutsche Wohnen & Co. enteignen | 205: Bizim Kiez | 211: fuckoffgoogle.de